E

LE
MISANTHROPE

COMÉDIE

TEXTE INTEGRAL

*Texte conforme à l'édition
des Grands Écrivains de la France.*

*Notes explicatives, questionnaires, bilans,
documents et parcours thématique*

établis par

Patrice SOLER,
professeur de Première supérieure.

Classiques Hachette

Couverture réalisée avec l'aimable collaboration de la Comédie-Française.

Photographie : Philippe Sohiez.

ISBN : 2-01-019087-4

LE MISANTHROPE
(texte intégral)

MOLIÈRE ET SON TEMPS

À PROPOS DE L'ŒUVRE

PARCOURS THÉMATIQUE

ANNEXES

Les éclats d'Alceste crèvent la toile. Affublé des
rubans verts de Sganarelle, Molière faisait rire, mais
rit-on encore du Misanthrope ? Depuis la première,
le 4 juin 1666, le tableau n'a-t-il pas noirci ?
De toutes les œuvres de Molière, nulle n'est aussi
solidaire de tout un contexte social, moral,
politique, de tout un art de vivre daté.
Depuis 1664, Molière vit des années sombres.
Malade, il intériorise le regard de la médecine :
son misanthrope est d'abord un corps dominé par
un excès de bile noire (un atrabilaire). Alceste est
« bizarre » : dans les yeux de son entourage,
l'interrogation est aussi celle d'une époque
où évolue l'analyse de la « mélancolie » comme
pathologique. Pendant que le jeune Louis XIV,
au pouvoir depuis 1661, perfectionne l'imagerie
du Roi-Soleil et mène la guerre aux passions tristes,
Alceste, malade de la lumière, aspire à l'ombre.
Les années sombres, pour Molière, ce sont aussi le
scandale du premier Tartuffe à la Cour (1664) et
son interdiction de représentation. En février 1665,
Dom Juan apporte succès, puis scandale et
pamphlet à son auteur. Les difficultés du couple
qu'il forme avec Armande Béjart l'épuisent ; la lutte
avec la troupe de l'Hôtel de Bourgogne l'affaiblit.
Ainsi Le Misanthrope est-il l'œuvre d'un homme
qui ne sait peut-être plus très bien où il en est par
rapport à la Cour, à l'évolution politique, à tout un
art de plaire, fondement de la vie des hommes
dont la pièce est sans doute la mise en question.
Méditation aussi d'un cœur blessé,
elle est une belle collection de fragments
d'un discours amoureux.
À travers Alceste, Molière, délivré de ses chaînes,
intente à la société un procès pour faux-monnayage
généralisé. Mais 1666, l'année de « l'humeur noire »,
est aussi celle où il fait rire du Misanthrope.

UN MIROIR DE CONCENTRATION

	Le Misanthrope
La Comédie débutante	
• 1655 : L'*Étourdi ou les contre-temps*	
Un ressort : le contre-temps	Alceste victime de contre-temps
Un rôle : le jaloux	Alceste, le jaloux
Un étourdi.	Les gags de Basque, l'étourdi
• 1659 : *Les Précieuses ridicules*	
Un duo : les (faux marquis) enrubannés	Le duo Acaste-Clitandre
Un lieu : le (faux) cercle mondain	Le salon de Célimène
Un langage : la (fausse) préciosité	Le sonnet d'Oronte
• 1660 : *Sganarelle ou Le Cocu imaginaire*	
Un type, né de la scène, à réincarnations	Alceste, le bouffon (rubans verts)
Un « visionnaire »	Alceste, proie de ses chimères
Une jeune fille sera-t-elle mal mariée ?	Célimène menacée de l'être
La Comédie conquérante	
• 1661 : *Les Fâcheux*	
Un ressort : le héros subit les fâcheux	Alceste subit Oronte, les marquis
Dom Garcie de Navarre	
Un motif : la jalousie dévorante	Alceste torturé
Un langage noble, un registre élevé	Alceste donne dans le grand style
L'École des Maris	
Un duo : le sage et le fou	Le duo Alceste-Philinte
Un type réincarné : Sganarelle, « ringard »	Alceste jeune, nostalgique du passé
• 1662 : *L'École des Femmes*	
Un duo : amant-père tyrannique, tendron	Le duo Alceste-Célimène (20 ans)
Un duo : le sage et le fou	Le duo Alceste-Philinte
Une expulsion : le héros hors-scène	Alceste au « désert »
• 1663 : *La Critique de l'École des Femmes*	
Un lieu ; le salon et l'art du bien-dire	Le salon de Célimène, son brillant
Une apologie de la comédie-miroir	*Le Misanthrope,* miroir du grand monde
L'Impromptu de Versailles	
Une galerie de types	Les marquis, la prude, la coquette, le bel esprit
La Comédie triomphante	
• 1664 : *Le Tartuffe*	
Un duo : le sage et le fou	Le duo Alceste-Philinte
Un type : l'hypocrite, son pouvoir occulte	Arsinoé, ses relations souterraines
• 1665 : *Dom Juan*	
Un motif politico-moral-religieux	Alceste, son procès, ses arrière-plans obscurs

Loin de notre «authenticité» revendiquée haut et fort, de notre refus chatouilleux de «l'hypocrisie sociale», Le Misanthrope s'organise autour d'un code impérieux de la sociabilité la plus raffinée. Pour notre individualisme, avec ses devises «être soi», «être naturel», le salon de Célimène est une autre planète. Molière a construit ses caractères en fonction de la mise en scène des mœurs : la société occupe ici le premier plan, le second, le troisième, en un remarquable dégradé ; le monde hors-scène vient sans cesse agir sur la scène. Réflexion sur le jeu social, dans une époque qui a réfléchi comme jamais sur la politesse, la sociabilité, l'art de tirer le maximum de plaisir de la réunion de ces animaux humains agis par leurs instincts, et le plus dévorant, l'amour gigantesque de soi, et de toute chose pour soi.

Si le monde est un dialogue, Alceste n'y a pas sa place. Son «parler net» le conduit au silence. Alceste est séduisant, pourtant : Célimène, Arsinoé, Éliante, le voient d'un «œil fort doux». Mais il est raide, ce jeune homme qui dénonce les conventions sociales comme des impostures, sans comprendre leur fonction vitale. Alceste, en grec, signifie «le champion» ; la scène, sous les projecteurs, est un ring où il affronte la société. À la fin, il a perdu foi en lui : sous nos yeux, en cinq actes et en vers, la faillite d'une volonté ? Alceste est-il grotesque ? Molière lui fait porter des rubans verts : voilà donc la réincarnation d'un type scénique qui toujours refait surface, le Sganarelle, le trouble-fête que la machine comique est chargée d'expulser de la scène. Alors, Alceste est-il un histrion de la vertu ? Ou un «homme de bien», selon le mot de Rousseau ? Le Misanthrope est au terme de l'ascension de la Comédie, de la Comédie conquérante : c'est parce qu'il avait le goût de la raison, et le sentiment profond de l'impuissance de la raison à gouverner les hommes que Molière a pu produire cette œuvre.

Brisart d.   I. Sauvé

LE MISANTROPE

LE

MISANTROPE.

COMEDIE.

Par I. B. P. MOLIERE.

Repreſentée pour la premiere
à Paris, ſur le Theatre du
Palais Royal, le 4. du mois
de Juin 1666.

Par la Troupe du ROY.

LES PERSONNAGES

ALCESTE[1], amant• de Célimène.

PHILINTE, ami d'Alceste.

ORONTE, amant de Célimène.

CÉLIMÈNE, amante d'Alceste

ÉLIANTE, cousine de Célimène.

ARSINOÉ, amie de Célimène.

ACASTE, CLITANDRE, marquis.

BASQUE, valet de Célimène.

UN GARDE de la maréchaussée[2] de France.

DU BOIS, valet d'Alceste.

La scène est à Paris

---

1. Alceste était joué par Molière ; Armande Béjart, sa femme, incarnait Célimène.
2. *maréchaussée* : corps de cavalerie dépendant des « maréchaux » de France, remplacé plus tard par la gendarmerie.
Les mots de la pièce suivis du signe (•) sont expliqués au lexique p. 191.

ACTE I

SCÈNE 1. Philinte, Alceste

Philinte
Qu'est-ce donc ? Qu'avez-vous ?

Alceste
                                    Laissez-moi, je vous prie.

Philinte
Mais encor dites-moi quelle bizarrerie[1]...

Alceste
Laissez-moi là, vous dis-je, et courez vous cacher.

Philinte
Mais on entend• les gens, au moins, sans se fâcher.

Alceste
5   Moi, je veux me fâcher, et ne veux point entendre.

Philinte
Dans   vos   brusques   chagrins•   je   ne   puis   vous
                                                    [comprendre,
Et quoique amis enfin, je suis tout des premiers...

Alceste
Moi, votre ami ? rayez cela de vos papiers.
J'ai fait jusques ici[2] profession[3] de l'être ;
10   Mais après ce qu'en vous je viens de voir paraître[4],
Je vous déclare net que je ne le suis plus,
Et ne veux nulle place en des cœurs corrompus.

---

1. *bizarrerie* : saute d'humeur, caprice, extravagance.
2. *ici* : maintenant.
3. *profession* : aveu, déclaration publique.
4. *paraître* : apparaître, se manifester.

11

PHILINTE

    Je suis donc bien coupable, Alceste, à votre compte ?

ALCESTE

    Allez, vous devriez mourir de pure honte ;
15 Une telle action ne saurait s'excuser[1],
    Et tout homme d'honneur s'en doit scandaliser.
    Je vous vois accabler un homme de caresses,
    Et témoigner pour lui les dernières[2] tendresses ;
    De protestations[3], d'offres et de serments,
20 Vous chargez la fureur[4] de vos embrassements• ;
    Et quand je vous demande après quel est cet homme,
    À peine pouvez-vous dire comme[5] il se nomme ;
    Votre chaleur pour lui tombe en vous séparant,
    Et vous me[6] le traitez, à moi, d'indifférent.
25 Morbleu• ! c'est une chose indigne, lâche, infâme,
    De s'abaisser ainsi jusqu'à trahir son âme[7] ;
    Et si, par un malheur[8], j'en avais fait autant,
    Je m'irais, de regret, pendre tout à l'instant.

PHILINTE

    Je ne vois pas, pour moi, que le cas soit pendable,
30 Et je vous supplierai d'avoir pour agréable
    Que je me fasse un peu grâce sur[9] votre arrêt[10],
    Et ne me pende pas pour cela, s'il vous plaît.

ALCESTE

    Que la plaisanterie est de mauvaise grâce !

---

1. *s'excuser* : être excusée.
2. *les dernières* : les plus vives, les plus grandes.
3. *protestations* : assurances insistantes de dévouement.
4. *fureur* : empressement excessif.
5. *comme* : comment.
6. *me, à moi* : en vous adressant à moi (maintenant que nous sommes seuls).
7. *trahir son âme* : dire ou faire le contraire de ce qu'on pense, manquer à ce qu'on se doit.
8. *par un malheur* : par malheur.
9. *sur* : au sujet de.
10. *arrêt* : sentence, jugement (sens juridique).

PHILINTE
    Mais, sérieusement, que voulez-vous qu'on fasse ?

ALCESTE
35 Je veux qu'on soit sincère, et qu'en homme d'honneur
    On ne lâche[1] aucun mot qui ne parte du cœur.

PHILINTE
    Lorsqu'un homme vous vient embrasser* avec joie,
    Il faut bien le payer de la même monnoie[2],
    Répondre, comme on peut, à ses empressements,
40 Et rendre offre pour offre, et serments pour serments.

ALCESTE
    Non, je ne puis souffrir cette lâche méthode[3]
    Qu'affectent la plupart de vos[4] gens à la mode ;
    Et je ne hais rien tant que les contorsions
    De tous ces grands faiseurs de protestations,
45 Ces affables donneurs d'embrassades frivoles,
    Ces obligeants diseurs d'inutiles paroles,
    Qui de civilités[5] avec tous font combat[6],
    Et traitent du même air[7] l'honnête homme*, et le fat[8].
    Quel avantage a-t-on qu'un homme vous caresse*,
50 Vous jure amitié, foi, zèle, estime, tendresse,
    Et vous[9] fasse de vous un éloge éclatant,
    Lorsqu'au premier faquin[10] il court en faire autant ?
    Non, non, il n'est point d'âme un peu bien située[11]
    Qui veuille d'une estime ainsi prostituée ;

---

1. *lâche* : dise (non vulgaire à l'époque).
2. *monnoie* : rime avec *joie* ; on prononçait *jouée, monnouée*.
3. *méthode* : façon de faire, conduite.
4. *vos* : que vous approuvez.
5. *civilités* : politesses.
6. *font combat* : font assaut.
7. *air* : manière.
8. *fat* : « Le fat est entre l'impertinent et le sot : il est composé de l'un et de l'autre »
(La Bruyère, *Les Caractères*, XII, 46).
9. *vous* : en s'adressant à vous.
10. *faquin* : de l'ital. portefaix, qui porte les fardeaux ; d'où homme sans valeur.
11. *bien située* : moralement élevée, fière.

55 Et la plus glorieuse[1] a des régals peu chers[2],
Dès qu'on[3] voit qu'on[4] nous mêle avec tout l'univers :
Sur quelque préférence une estime se fonde,
Et c'est n'estimer rien qu'estimer tout le monde.
Puisque vous y donnez[5], dans ces vices du temps,
60 Morbleu•! vous n'êtes pas pour être de mes gens ;
Je refuse d'un cœur la vaste complaisance
Qui ne fait de[6] mérite aucune différence ;
Je veux qu'on me distingue ; et, pour le trancher net,
L'ami du genre humain n'est point du tout mon fait.

PHILINTE
65 Mais, quand on est du monde[7], il faut bien que l'on
[rende
Quelques dehors civils[8] que l'usage demande.

ALCESTE
Non, vous dis-je, on devrait châtier, sans pitié,
Ce commerce• honteux de semblants d'amitié.
Je veux que l'on soit homme, et qu'en toute rencontre
70 Le fond de notre cœur dans nos discours se montre,
Que ce soit lui qui parle, et que nos sentiments
Ne se masquent jamais sous de vains compliments.

PHILINTE
Il est bien des endroits où la pleine franchise
Deviendrait ridicule et serait peu permise ;
75 Et parfois, n'en déplaise à votre austère honneur,
Il est bon de cacher ce qu'on a dans le cœur.

---

1. *glorieuse* (se rapporte à *âme*) : soucieuse de sa gloire, soit au sens d'*honneur* ici,
soit au sens de *vanité*.
2. *régals peu chers* : satisfactions sans valeur, décevantes. *Régal* : marque de faveur.
Sens du v. 55 : l'âme la plus soucieuse d'honneur se juge mal récompensée.
3. *on voit* : nous voyons.
4. *on nous mêle* : les gens nous mêlent (les deux *on* successifs ne désignent pas les
mêmes personnes).
5. *donnez dans* : vous abandonnez à, vous livrez à.
6. *de* : en fait de.
7. *du monde* : du grand monde, de la bonne société.
8. *dehors civils* : marques extérieures de politesse.

Serait-il à propos et de la bienséance[1]
De dire à mille gens tout ce que d'eux on pense ?
Et quand on a quelqu'un qu'on hait ou qui déplaît,
80 Lui doit-on déclarer la chose comme elle est ?

ALCESTE

Oui.

PHILINTE

Quoi ? vous iriez dire à la vieille Émilie
Qu'à son âge il sied mal de faire la jolie,
Et que le blanc[2] qu'elle a scandalise chacun ?

ALCESTE

Sans doute•.

PHILINTE

À Dorilas, qu'il est trop importun,
85 Et qu'il n'est, à la cour, oreille qu'il ne lasse
À conter sa bravoure et l'éclat de sa race ?

ALCESTE

Fort bien.

PHILINTE

Vous vous moquez.

ALCESTE

Je ne me moque point,
Et je vais n'épargner personne sur ce point.
Mes yeux sont trop blessés, et la cour et la ville
90 Ne m'offrent rien qu'objets à m'échauffer la bile[3] ;
J'entre en une humeur noire[4], en un chagrin• profond,

---

1. *bienséance* : convenance, conventions de la politesse mondaine.
2. *blanc* : fard, maquillage.
3. *échauffer la bile* : mettre en colère. La bile est une des quatre *humeurs* – ou liquides – du corps humain ; les trois autres sont le sang, le flegme et la bile noire ou *atrabile* ou mélancolie. Alceste est un atrabilaire.
4. *humeur noire* : accès de profonde tristesse.

Quand je vois vivre entre eux les hommes comme ils
[font[1] ;
Je ne trouve partout que lâche flatterie,
Qu'injustice, intérêt, trahison, fourberie ;
95 Je n'y puis plus tenir, j'enrage, et mon dessein
Est de rompre en visière[2] à tout le genre humain.

PHILINTE
Ce chagrin• philosophe[3] est un peu trop sauvage,
Je ris des noirs accès où je vous envisage[4],
Et crois voir en nous deux, sous[5] mêmes soins nourris[6],
100 Ces deux frères[7] que peint *L'École des maris*[8],
Dont...

ALCESTE
                    Mon Dieu ! laissons là vos comparaisons fades.

PHILINTE
Non : tout de bon, quittez toutes ces incartades.
Le monde par vos soins ne se changera pas ;
Et puisque la franchise a pour vous tant d'appas•,
105 Je vous dirai tout franc que cette maladie,
Partout où vous allez, donne la comédie,
Et qu'un si grand courroux contre les mœurs du temps
Vous tourne en ridicule auprès de bien des gens.

ALCESTE
Tant mieux, morbleu• ! tant mieux, c'est ce que je
[demande ;
110 Ce m'est un fort bon signe, et ma joie en est grande :

---

1. Le verbe *faire* s'emploie au XVIIe siècle pour remplacer un autre verbe qu'on ne veut pas répéter.
2. *rompre en visière* (langue des tournois) : briser sa lance sur la visière du casque de l'adversaire ; d'où : attaquer en face.
3. *philosophe* (adjectif) : philosophique.
4. *envisage* : vois (ce mot était à la mode).
5. *sous* : avec.
6. *nourris* : élevés (*nourriture* = éducation).
7. *ces deux frères* : Ariste et Sganarelle, l'opposé l'un de l'autre.
8. *L'École des maris* : comédie de Molière (1661).

Tous les hommes me sont à tel point odieux,
Que je serais fâché d'être sage à leurs yeux.

PHILINTE
Vous voulez un grand mal[1] à la nature humaine !

ALCESTE
Oui, j'ai conçu pour elle une effroyable haine.

PHILINTE
115 Tous les pauvres mortels, sans nulle exception,
Seront enveloppés dans cette aversion ?
Encore en est-il bien, dans le siècle où nous sommes...

ALCESTE
Non : elle est générale, et je hais tous les hommes :
Les uns, parce qu'ils sont méchants et malfaisants,
120 Et les autres, pour être[2] aux méchants complaisants
Et n'avoir pas pour eux ces haines vigoureuses
Que doit donner le vice aux âmes vertueuses.
De cette complaisance on voit l'injuste excès
Pour le franc[3] scélérat avec qui j'ai procès :
125 Au travers de son masque on voit à plein le traître ;
Partout il est connu pour tout ce qu'il peut être ;
Et ses roulements d'yeux et son ton radouci
N'imposent[4] qu'à des gens qui ne sont point d'ici.
On sait que ce pied plat[5], digne qu'on le confonde[6],
130 Par de sales emplois s'est poussé dans le monde,
Et que par eux son sort de splendeur revêtu
Fait gronder[7] le mérite et rougir la vertu.
Quelques titres honteux qu'en tous lieux on lui donne,
Son misérable honneur ne voit pour lui personne ;

1. *vouloir un mal* : haïr, détester, et non souhaiter du mal.
2. *pour être* : parce qu'ils sont.
3. *franc* : pur, sans mélange (forme avec *scélérat* un superlatif, renforce le terme).
4. *imposent* : font illusion.
5. *pied plat* : «paysan qui a des souliers tout unis» (*Dictionnaire* de Furetière, 1690), c'est-à-dire sans talon. D'où : rustre.
6. *confonde* : démasque.
7. *gronder* : protester, s'indigner.

135 Nommez-le fourbe, infâme et scélérat maudit,
Tout le monde en convient et nul n'y contredit.
Cependant sa grimace• est partout bienvenue :
On l'accueille, on lui rit, partout il s'insinue ;
Et s'il est, par la brigue¹, un rang à disputer,
140 Sur le plus honnête homme on le voit l'emporter.
Têtebleu²! ce me sont de mortelles blessures,
De voir qu'avec le vice on garde des mesures³ ;
Et parfois il me prend des mouvements⁴ soudains
De fuir dans un désert⁵ l'approche des humains.

PHILINTE
145 Mon Dieu, des mœurs du temps mettons-nous moins en
[peine,
Et faisons un peu grâce à la nature humaine ;
Ne l'examinons point dans la grande⁶ rigueur,
Et voyons ses défauts avec quelque douceur.
Il faut, parmi le monde, une vertu traitable⁷ ;
150 À force de sagesse, on peut être blâmable ;
La parfaite raison fuit toute extrémité,
Et veut que l'on soit sage avec sobriété.
Cette grande raideur des vertus des vieux âges
Heurte trop notre siècle et les communs usages ;
155 Elle veut aux mortels trop de perfection :
Il faut fléchir au temps⁸ sans obstination ;
Et c'est une folie à nulle autre seconde⁹
De vouloir se mêler de corriger le monde.
J'observe, comme vous, cent choses tous les jours,

---

1. *brigue* : intrigue, manœuvres peu honnêtes.
2. *têtebleu* : juron ; atténuation de «tête (de) Dieu».
3. *mesures* : ménagements.
4. *mouvements* : «différentes impulsions, passions, ou affections de l'âme» (*Dictionnaire* de l'Académie, 1694).
5. *désert* : «quelque jolie maison hors des grands chemins et éloignée du commerce du monde, pour s'y retirer» (*Dictionnaire* de Furetière, 1690).
6. *la grande* : la plus grande.
7. *traitable* : sociable, accommodante.
8. *fléchir au temps* : obéir aux usages de l'époque, ou céder aux circonstances.
9. *à nulle autre seconde* : la folie à son plus haut degré.

160 Qui pourraient mieux aller, prenant un autre cours;
Mais quoi qu'à chaque pas je puisse voir paraître[1],
En courroux, comme vous, on ne me voit point être;
Je prends tout doucement les hommes comme ils sont,
J'accoutume mon âme à souffrir• ce qu'ils font;
165 Et je crois qu'à la cour, de même qu'à la ville,
Mon flegme[2] est philosophe[3] autant que votre bile.

ALCESTE

Mais ce flegme, monsieur, qui raisonne si bien,
Ce flegme pourra-t-il ne s'échauffer de rien?
Et s'il faut[4], par hasard, qu'un ami vous trahisse,
170 Que, pour avoir vos biens, on dresse un artifice,
Ou qu'on tâche à semer de méchants bruits de vous,
Verrez-vous tout cela sans vous mettre en courroux?

PHILINTE

Oui, je vois ces défauts dont votre âme murmure•
Comme vices unis à l'humaine nature;
175 Et mon esprit enfin n'est pas plus offensé[5]
De voir un homme fourbe, injuste, intéressé[6],
Que de voir des vautours affamés de carnage,
Des singes malfaisants, et des loups pleins de rage.

ALCESTE

Je me verrai trahir, mettre en pièces[7], voler,
180 Sans que je sois... Morbleu•! je ne veux point parler,
Tant ce raisonnement est plein d'impertinence[8].

PHILINTE

Ma foi! vous ferez bien de garder le silence.

---

1. *paraître* : se produire, se manifester.
2. *flegme* : l'une des quatre humeurs; froideur d'esprit (cf. v. 90).
3. *philosophe* (adjectif) : comme au vers 97.
4. *s'il faut* : s'il arrive.
5. *offensé* : choqué.
6. *intéressé* : qui cherche son avantage, ambitieux ou cupide.
7. *mettre en pièces* : déchirer, au sens figuré, c'est-à-dire calomnier, insulter.
8. *impertinence* : sottise, absurdité.

Contre votre partie[1] éclatez un peu moins,
Et donnez au procès une part de vos soins.

ALCESTE
185 Je n'en donnerai point, c'est une chose dite.

PHILINTE
Mais qui voulez-vous donc qui pour vous sollicite[2] ?

ALCESTE
Qui je veux ? La raison, mon bon droit, l'équité.

PHILINTE
Aucun juge par vous ne sera visité ?

ALCESTE
Non. Est-ce que ma cause est injuste ou douteuse ?

PHILINTE
190 J'en demeure d'accord ; mais la brigue est fâcheuse[3],
Et...

ALCESTE
Non : j'ai résolu de n'en[4] pas faire un pas.
J'ai tort, ou j'ai raison.

PHILINTE
Ne vous y[5] fiez pas.

ALCESTE
Je ne remuerai point.

PHILINTE
Votre partie est forte,

---

1. *partie* : adversaire (dans un procès).
2. *sollicite* : fasse des visites, des démarches auprès des juges.
3. *fâcheuse* : gênante, dangereuse.
4. *en* : pour cela.
5. *y* : à votre bon droit.

Et peut, par sa cabale[1], entraîner...

ALCESTE

Il n'importe.

PHILINTE

195 Vous vous tromperez[2].

ALCESTE

Soit. J'en veux voir le succès•.

PHILINTE

Mais...

ALCESTE

J'aurai le plaisir de perdre mon procès.

PHILINTE

Mais enfin...

ALCESTE

Je verrai, dans cette plaiderie[3],
Si les hommes auront assez d'effronterie,
Seront assez méchants, scélérats et pervers,
200 Pour me faire injustice aux yeux de l'univers.

PHILINTE

Quel homme !

ALCESTE

Je voudrais, m'en coûtât-il grand-chose,
Pour la beauté du fait avoir perdu ma cause.

PHILINTE

On se rirait de vous, Alceste, tout de bon[4],

---

1. *cabale* : intrigues, manœuvres.
2. *vous vous tromperez* : vous serez déçu.
3. *plaiderie* : péjoratif, pour *procès*.
4. *tout de bon* : sérieusement.

Si l'on vous entendait parler de la[1] façon.

ALCESTE

205 Tans pis pour qui rirait.

PHILINTE

                      Mais cette rectitude
Que vous voulez en tout avec exactitude,
Cette pleine droiture où vous vous renfermez,
La trouvez-vous ici dans ce que[2] vous aimez ?
Je m'étonne, pour moi, qu'étant, comme il le semble,
210 Vous et le genre humain si fort brouillés ensemble,
Malgré tout ce qui peut vous le rendre odieux,
Vous ayez pris chez lui ce qui charme• vos yeux ;
Et ce qui me surprend encore davantage,
C'est cet étrange choix où votre cœur s'engage.
215 La sincère Éliante a du penchant pour vous,
La prude• Arsinoé vous voit d'un œil fort doux :
Cependant à leurs vœux votre âme se refuse,
Tandis qu'en ses liens Célimène l'amuse•,
De qui l'humeur coquette et l'esprit médisant
220 Semble si fort donner dans les mœurs d'à présent.
D'où vient que, leur portant une haine mortelle,
Vous pouvez bien souffrir• ce qu'en[3] tient cette belle ?
Ne sont-ce plus défauts dans un objet• si doux ?
Ne les voyez-vous pas ? ou les excusez-vous ?

ALCESTE

225 Non, l'amour que je sens pour cette jeune veuve
Ne ferme point mes yeux aux défauts qu'on lui treuve[4],
Et je suis, quelque ardeur qu'elle m'ait pu donner,
Le premier à les voir, comme à les condamner.
Mais, avec tout cela, quoi que je puisse faire,
230 Je confesse mon faible, elle a l'art de me plaire :
J'ai beau voir ses défauts, et j'ai beau l'en blâmer,

---

1. *la* : cette.
2. *ce que* : celle que (le neutre peut désigner une personne).
3. *en* : des mœurs d'à présent.
4. *treuve* : ancienne forme de *trouve* entraînée ici par la rime.

En dépit qu'on en ait[1], elle se fait aimer ;
Sa grâce est la plus forte ; et sans doute• ma flamme
De ces vices du temps pourra purger son âme.

PHILINTE
235 Si vous faites cela, vous ne ferez pas peu.
Vous croyez être donc aimé d'elle ?

ALCESTE

                              Oui, parbleu !
Je ne l'aimerais pas, si je ne croyais l'être.

PHILINTE
Mais si son amitié• pour vous se fait paraître,
D'où vient que vos rivaux vous causent de l'ennui• ?

ALCESTE
240 C'est qu'un cœur bien atteint veut qu'on soit tout à lui,
Et je ne viens ici qu'à dessein de lui dire
Tout ce que là-dessus ma passion m'inspire.

PHILINTE
Pour moi, si je n'avais qu'à former des désirs,
La cousine Éliante aurait tous mes soupirs ;
245 Son cœur, qui vous estime, est solide et sincère,
Et ce choix plus conforme[2] était[3] mieux votre affaire.

ALCESTE
Il est vrai : ma raison me le dit chaque jour ;
Mais la raison n'est pas ce qui règle l'amour.

PHILINTE
Je crains fort pour vos feux ; et l'espoir où vous êtes
250 Pourrait...

---

1. *en dépit qu'on en ait* : quelque regret qu'on en éprouve.
2. *conforme* : en rapport (avec votre caractère).
3. *était* : aurait été. L'indicatif à sens conditionnel, pour le verbe *être* et les verbes exprimant la possibilité, la convenance ou l'obligation, est un latinisme dans la langue classique.

Questions

Compréhension

• **Les personnages**
– *Alceste*

1. *Alceste est une exagération continuelle (v. 11-12, 14, 28, 36). Ses exagérations discréditent-elles ses analyses ? Dans ses éclats spectaculaires, Alceste est-il un histrion ?*

2. *Alceste est-il «à sa place» dans cette société. Montrez que le «désert» l'attire et le hante.*

3. *Qu'est-ce que la misanthropie, d'après cette scène ? Une maladie ? Distinguez l'aspect médical et l'aspect moral. Relevez dans les propos de Philinte ce qui indique chez Alceste un trouble physiologique du personnage (v. 2, 6, etc.). Alceste lui-même trahit sa pathologie dans son vocabulaire ; quels indices repérez-vous ? Du point de vue moral, sur quels constats sa misanthropie repose-t-elle (v. 25, 41-48, 57-58, 61-62, 93-94, 119-122) ?*

– *Philinte*

4. *Un «flegmatique» (v. 166). Ce flegme crée chez Philinte un esprit de jeu opposé à l'esprit de sérieux d'Alceste : relevez-en les traces.*

5. *On a pu dire que Philinte était inquiétant à force de mesure : ce jugement vous paraît-il juste ?*

• **Les circonstances**

6. *Alceste et Philinte prolongent une conversation amorcée hors scène, hors de la présence du spectateur. La scène elle-même dans Le Misanthrope est en communication permanente avec un ailleurs. Quels sont les lieux et aspects de la société, en ce jour de 1666, évoqués par les deux personnages ? Quelles sont les coutumes qui peuvent nous surprendre (voir p. 168) ?*

7. *Dès le début, Alceste porte le conflit avec la société à son paroxysme ; d'emblée, l'action se resserre. Quelles questions le spectateur de cette crise aiguë se pose-t-il ? Peut-on dire que l'on entrevoit le dénouement ? Molière ménage-t-il une part d'imprévu ?*

8. *Cette scène d'exposition peut paraître démesurément longue. Qu'est-ce qui justifie ce choix de l'auteur, alors même que l'information à délivrer est simple ?*

9. *Une scène est faite successivement d'un préambule, où les personnages s'abordent, d'un conflit central, et d'une chute. Distin-*

guez les trois moments. Y a-t-il dans cette scène des phases de détente ?

• **La signification**

10. Alceste et Philinte donne-t-ils aux mots le même sens ? Ainsi amis *(v. 7-8)*, civil et civilité *(v. 47-66)*, commerce *(v. 68)* ?

Écriture

11. L'efficacité du langage dramatique. Alceste et Philinte utilisent différents modes de l'échange : vers à vers (stichomythie), demi-vers par demi-vers (hémistichomythie), par groupe de vers (2, 4, etc.), tirade (plus de 10 vers). Distinguez ces moments. Chacun a-t-il une prédilection pour telle ou telle « longueur » de l'échange ?

12. Les « attaques » des répliques sont des moments décisifs. Relevez, ou plutôt écoutez les attaques choisies par Alceste : présentent-elles des points communs ? À partir de ces attaques, peut-on dessiner un portrait du personnage ? À partir de cette scène, suivez-le dans les 196 répliques du rôle. Change-t-il dans sa façon d'attaquer les répliques ?

13. Par trois fois, Alceste fait un procès énergique à la société *(v. 13-28, 41-64, 118-144)*. Qu'est-ce qui fait la force de ses tirades ? Distinguez-y : le recours à des maximes, les passages narratifs, les portraits, les jugements, les prises à partie et, surtout, l'organisation des composantes.

Mise en scène

14. Le théâtre n'est pas d'abord dialogue ; c'est un conflit pour la maîtrise de l'espace, et une certaine façon d'occuper l'espace, de le conquérir ou de le garder. Quelle première image scénique le texte suggère-t-il *(v. 1-5)* ? Ce choix est solidaire de toute une interprétation globale des personnages. Les metteurs en scène sont partagés : Alceste assis, figé ? Ou bien une force en mouvement, un tourbillon ? L'entrée est-elle un mouvement de poursuite ?

15. Dans une mise en scène récente, tous les personnages sont en scène dès le début, entourant Alceste qu'ils ont poursuivi, et celui-ci se détache au premier plan pour dire le vers 5. Qu'est-ce qui peut justifier ce choix ?

16. Comment jouer le personnage de Philinte ? N'est-il à aucun moment troublé par les arguments d'Alceste ? Approuvez-vous un metteur en scène qui, durant toute la scène, fait tenir amicalement Alceste par Philinte ?

SCÈNE 2. Oronte, Alceste, Philinte

ORONTE

          J'ai su là-bas[1] que, pour quelques emplettes,
Éliante est sortie, et Célimène aussi ;
Mais comme l'on m'a dit que vous étiez ici,
J'ai monté pour vous dire, et d'un cœur véritable,
Que j'ai conçu pour vous une estime incroyable,
255 Et que, depuis longtemps, cette estime m'a mis
Dans un ardent désir d'être de vos amis.
Oui, mon cœur au mérite aime à rendre justice
Et je brûle qu'un nœud d'amitié nous unisse :
Je crois qu'un ami chaud, et de ma qualité[2],
260 N'est pas assurément pour être rejeté.
    (En cet endroit Alceste paraît[3] tout rêveur, et semble n'entendre pas qu'Oronte lui parle.)
C'est à vous, s'il vous plaît, que ce discours s'adresse.

ALCESTE
À moi, monsieur ?

ORONTE
          À vous. Trouvez-vous qu'il vous blesse ?

ALCESTE
Non pas ; mais la surprise est fort grande pour moi,
Et je n'attendais pas l'honneur que je reçoi.

ORONTE
265 L'estime où je vous tiens ne doit point vous surprendre,
Et de tout l'univers vous la pouvez prétendre.

ALCESTE
Monsieur...

---

1. *là-bas* : en bas.
2. *qualité* : noblesse.
3. *paraît* : apparaît (visiblement).

ORONTE

      L'État n'a rien qui ne soit au-dessous
Du mérite éclatant que l'on découvre en vous.

ALCESTE
Monsieur...

ORONTE

      Oui, de[1] ma part, je vous tiens préférable
270 À tout ce que j'y vois de plus considérable.

ALCESTE
Monsieur...

ORONTE

      Sois-je du ciel écrasé, si je mens !
Et pour vous confirmer ici mes sentiments,
Souffrez qu'à cœur ouvert, monsieur, je vous embrasse•,
Et qu'en votre amitié je vous demande place.
275 Touchez là[2], s'il vous plaît. Vous me la promettez,
Votre amitié ?

ALCESTE

      Monsieur...

ORONTE

      Quoi ? vous y résistez ?

ALCESTE
Monsieur, c'est trop d'honneur que vous me voulez
                        [faire ;
Mais l'amitié demande un peu plus de mystère,
Et c'est assurément en profaner le nom
280 Que de vouloir le mettre à toute occasion.
Avec lumière et choix cette union veut naître ;
Avant que nous lier, il faut nous mieux connaître ;

---

1. *de* : pour.
2. *touchez là* : touchez ma main (en signe d'accord).

Et nous pourrions avoir telles complexions[1],
Que tous deux du marché nous nous repentirions.

ORONTE

285 Parbleu! c'est là-dessus parler en homme sage,
Et je vous en estime encore davantage :
Souffrons donc que le temps forme des nœuds si doux ;
Mais, cependant[2], je m'offre entièrement à vous :
S'il faut faire à la cour pour vous quelque ouverture,
290 On sait qu'auprès du Roi je fais quelque figure ;
Il m'écoute ; et dans tout il en use, ma foi !
Le plus honnêtement du monde avecque moi.
Enfin je suis à vous de toutes les manières ;
Et comme votre esprit a de grandes lumières,
295 Je viens, pour commencer entre nous ce beau nœud,
Vous montrer un sonnet que j'ai fait depuis peu,
Et savoir s'il est bon qu'au public je l'expose.

ALCESTE

Monsieur, je suis mal propre à[3] décider la chose ;
Veuillez m'en dispenser.

ORONTE

                              Pourquoi ?

ALCESTE

                                            J'ai le défaut
300 D'être un peu plus sincère en cela qu'il ne faut.

ORONTE

C'est ce que je demande, et j'aurais lieu de plainte,
Si, m'exposant à vous pour me parler sans feinte,
Vous alliez me trahir, et me déguiser rien.

ALCESTE

Puisqu'il vous plaît ainsi, monsieur, je le veux bien.

---

1. *complexions* : humeurs, tempéraments.
2. *cependant* : pendant ce temps, en attendant.
3. *mal propre à* : peu qualifié pour.

ORONTE

305 *Sonnet... C'est un sonnet. L'espoir...* C'est une dame
   Qui de quelque espérance avait flatté ma flamme.
   L'espoir... Ce ne sont point de ces grands vers pom-
                                                   [peux[1],
   Mais de petits vers doux, tendres et langoureux.
            (*À toutes ces interruptions il regarde Alceste.*)

ALCESTE

   Nous verrons bien.

ORONTE

                    L'espoir... Je ne sais si le style
310 Pourra vous en paraître assez net et facile,
   Et si du choix des mots vous vous contenterez.

ALCESTE

   Nous allons voir, monsieur.

ORONTE

                              Au reste, vous saurez
   Que je n'ai demeuré qu'un quart d'heure à le faire.

ALCESTE

   Voyons, monsieur ; le temps ne fait rien à l'affaire.

ORONTE

315   *L'espoir, il est vrai, nous soulage*
      Et nous berce un temps notre ennui•
      Mais, Philis, le triste avantage,
      Lorsque rien ne marche après lui !

PHILINTE

   Je suis déjà charmé de ce petit morceau.

ALCESTE, *bas.*

320 Quoi ? vous avez le front[2] de trouver cela beau ?

---

1. *pompeux* : nobles, majestueux (non péjoratif).
2. *le front* : l'audace.

ORONTE

> *Vous eûtes de la complaisance ;*
> *Mais vous en deviez moins avoir,*
> *Et ne vous pas mettre en dépense*
> *Pour ne me donner que l'espoir.*

PHILINTE

325 Ah ! qu'en termes galants ces choses-là sont mises !

ALCESTE, *bas.*

Morbleu• ! vil complaisant, vous louez des sottises ?

ORONTE

> *S'il faut qu'une attente éternelle*
> *Pousse à bout l'ardeur de mon zèle[1],*
> *Le trépas sera mon recours.*
330 *Vos soins• ne m'en peuvent distraire[2] :*
> *Belle Philis, on désespère,*
> *Alors qu'on espère toujours.*

PHILINTE

La chute[3] en est jolie, amoureuse, admirable.

ALCESTE, *bas.*

La peste de ta chute ! Empoisonneur au diable[4],
335 En eusses-tu fait une à te casser le nez !

PHILINTE

Je n'ai jamais ouï de vers si bien tournés.

ALCESTE

Morbleu !...

ORONTE

Vous me flattez, et vous croyez peut-être...

---

1. *zèle* : amour (emprunt à la langue religieuse).
2. *distraire* : détourner.
3. *chute* : dernier vers du sonnet, brillant ou précieux, toujours producteur de surprise.
4. *au diable* : digne d'aller au diable.

PHILINTE
Non, je ne flatte point.

ALCESTE, *bas.*

Et que fais-tu donc, traître?

ORONTE, *à Alceste.*
Mais, pour vous, vous savez quel est notre traité :
340 Parlez-moi, je vous prie, avec sincérité.

ALCESTE
Monsieur, cette matière est toujours délicate,
Et sur le bel esprit[1] nous aimons qu'on nous flatte.
Mais un jour, à quelqu'un, dont je tairai le nom,
Je disais, en voyant des vers de sa façon,
345 Qu'il faut qu'un galant homme[2] ait toujours grand
[empire
Sur les démangeaisons[3] qui nous prennent d'écrire ;
Qu'il doit tenir la bride[4] aux grands empressements
Qu'on a de faire éclat[5] de tels amusements ;
Et que, par la chaleur de montrer ses ouvrages,
350 On s'expose à jouer de mauvais[6] personnages[7].

ORONTE
Est-ce que vous voulez me déclarer par là,
Que j'ai tort de vouloir?...

ALCESTE
Je ne dis pas cela ;
Mais je lui disais, moi, qu'un froid écrit assomme,
Qu'il ne faut que ce faible à décrier un homme,

---

1. *bel esprit* : connaissance des belles-lettres, de la littérature ; distinction et brio intellectuels.
2. *galant homme* : «honnête, civil, sociable, de bonne compagnie» (*Dictionnaire* de l'Académie, 1694).
3. *démangeaisons* : envies, désirs (ce mot n'était pas familier).
4. *tenir la bride* : réfréner, arrêter.
5. *faire éclat* : tirer gloire, ou bien : divulguer sans retenue.
6. *mauvais* : médiocres, sans valeur.
7. *personnages* : rôles.

355 Et qu'eût-on, d'autre part, cent belles qualités,
On regarde les gens par leurs méchants côtés.

ORONTE
Est-ce qu'à mon sonnet vous trouvez à redire?

ALCESTE
Je ne dis pas cela; mais, pour ne point écrire,
Je lui mettais aux yeux comme, dans notre temps,
360 Cette soif a gâté de fort honnêtes gens.

ORONTE
Est-ce que j'écris mal? et leur ressemblerais-je?

ALCESTE
Je ne dis pas cela; mais enfin, lui disais-je,
Quel besoin si pressant avez-vous de rimer?
Et qui[1] diantre[2] vous pousse à vous faire imprimer?
365 Si l'on peut pardonner l'essor[3] d'un mauvais livre,
Ce n'est qu'aux malheureux qui composent pour vivre.
Croyez-moi, résistez à vos tentations,
Dérobez au public ces occupations;
Et n'allez point quitter, de quoi que l'on vous somme[4],
370 Le nom que dans la cour vous avez d'honnête homme•,
Pour prendre, de la main d'un avide imprimeur,
Celui de ridicule et misérable auteur.
C'est ce que je tâchai de lui faire comprendre.

ORONTE
Voilà qui va fort bien, et je crois vous entendre•.
375 Mais ne puis-je savoir ce que dans mon sonnet...?

---

1. *qui* : interrogatif neutre : qu'est-ce qui?
2. *diantre* : juron, atténuation de *diable.*
3. *essor* : publication.
4. *de quoi que l'on vous somme* : quelles que soient les demandes pressantes que l'on vous fait.

ALCESTE

Franchement, il est bon à mettre au cabinet[1].
Vous vous êtes réglé sur de méchants• modèles,
Et vos expressions ne sont poins naturelles.
    Qu'est-ce que Nous berce un temps notre ennui ?
380   *Et que Rien ne marche après lui ?*
    Que Ne vous pas mettre en dépense,
    Pour ne me donner que l'espoir ?
    Et que Philis, on désespère,
    Alors qu'on espère toujours ?
385 Ce style figuré[2], dont on fait vanité,
Sort du bon caractère[3] et de la vérité :
Ce n'est que jeu de mots, qu'affectation pure,
Et ce n'est point ainsi que parle la nature.
Le méchant goût du siècle, en cela, me fait peur.
390 Nos pères, tous grossiers[4], l'avaient beaucoup meilleur,
Et je prise bien moins tout ce que l'on admire,
Qu'une vieille chanson que je m'en vais vous dire :
    Si le roi m'avait donné
      Paris, sa grand'ville,
395   *Et qu'il me fallût quitter*
      L'amour de ma mie[5],
    Je dirais au roi Henri[6] :
    « *Reprenez votre Paris :*
    J'aime mieux ma mie, au gué[7] !
400   *J'aime mieux ma mie.* »
La rime n'est pas riche, et le style en est vieux :
Mais ne voyez-vous pas que cela vaut bien mieux
Que ces colifichets[8], dont le bon sens murmure•,

---

1. *cabinet* : meuble à compartiments et à tiroirs, sorte de secrétaire. *Mettre au cabinet* : renfermer au fond d'un tiroir.
2. *style figuré* : exprimant les choses sous une forme détournée, par figures.
3. *bon caractère* : signe ou marque de la qualité (au sens esthétique).
4. *tous grossiers* : tout grossiers qu'ils étaient ; malgré leur rusticité.
5. *ma mie* : coupure fautive pour *m'amie* (= mon amie).
6. *Henri* : le roi Henri IV, resté populaire. Selon certains, c'est le roi Henri II.
7. *au gué !* : refrain fréquent des chansons populaires. Ni l'orthographe ni l'étymologie n'en sont certaines.
8. *colifichets* : morceaux de papier découpés et collés sur étoffe ou sur bois ; d'où ornements frivoles.

Et que la passion parle là toute pure ?
405   *Si le Roi m'avait donné*
         Paris, sa grand'ville,
         Et qu'il me fallût quitter
         L'amour de ma mie,
         Je dirais au roi Henri :
410   *« Reprenez votre Paris :*
         J'aime mieux ma mie, au gué !
         J'aime mieux ma mie. »
Voilà ce que peut dire un cœur vraiment épris.
                                   (À Philinte.)
Oui, monsieur le rieur, malgré vos beaux esprits,
415 J'estime plus cela que la pompe fleurie
De tous ces faux brillants, où chacun se récrie.

ORONTE
Et moi, je vous soutiens que mes vers sont fort bons.

ALCESTE
Pour les trouver ainsi vous avez vos raisons ;
Mais vous trouverez bon que j'en puisse avoir d'autres,
420 Qui se dispenseront de se soumettre aux vôtres.

ORONTE
Il me suffit de voir que d'autres en font cas.

ALCESTE
C'est qu'ils ont l'art de feindre ; et moi, je ne l'ai pas.

ORONTE
Croyez-vous donc avoir tant d'esprit en partage ?

ALCESTE
Si je louais vos vers, j'en aurais davantage.

ORONTE
425 Je me passerai bien que vous les approuviez.

ALCESTE
Il faut bien, s'il vous plaît, que vous vous en passiez.

ORONTE

Je voudrais bien, pour voir, que, de votre manière,
Vous en composassiez sur la même matière.

ALCESTE

J'en pourrais, par malheur, faire d'aussi méchants• ;
430 Mais je me garderais de les montrer aux gens.

ORONTE

Vous me parlez bien ferme, et cette suffisance...

ALCESTE

Autre part que chez moi[1] cherchez qui vous encense.

ORONTE

Mais, mon petit monsieur, prenez-le[2] un peu moins
[haut.

ALCESTE

Ma foi ! mon grand monsieur, je le prends comme il faut.

PHILINTE, *se mettant entre deux.*
435 Eh ! messieurs, c'en est trop : laissez cela, de grâce.

ORONTE

Ah ! j'ai tort, je l'avoue, et je quitte la place.
Je suis votre valet[3], monsieur, de tout mon cœur.

ALCESTE

Et moi, je suis, monsieur, votre humble serviteur[4].

---

1. *chez moi* : en moi, en ma personne.
2. *le* : le *e* s'élide.
3. *votre valet, votre serviteur* : simples formules de politesse ; le sens propre est oublié.

Questions

Compréhension

• **Les personnages**

1. *Apparition d'Oronte : un superbe voltaile de cour ? Les metteurs en scène ont toujours soigné son entrée. Se pavane-t-il ? Éclate-t-il de fatuité ? S'il est si ridicule, comment comprendre qu'il soit admis chez Célimène, qui a horreur des grotesques ? Pourquoi a-t-il besoin de l'approbation d'Alceste ?*

2. *Alceste. Comment expliquez-vous ses dérobades devant les offres d'Oronte ? Veut-il le ménager ? Pourquoi ? Alceste craindrait-il, traité par Oronte comme on fait entre gens du monde, de ne plus être distingué, comme il le souhaitait (v. 63) ?*

• **Les circonstances**

3. *Une querelle, un duel, vers à vers, pour un sonnet ? La querelle est-elle seulement d'ordre littéraire ? Sonnet et chanson font allusion au sentiment amlureux de façon générale ; or, quel est le premier mot du sonnet, et quel était le dernier mot de la scène précédente (v. 249) ? À partir de là, comment la querelle du sonnet s'intègre-t-elle à l'action d'ensemble ?*

4. *Quel est le mouvement d'ensemble de la scène ? Quels en sont les paliers ?*

5. *Sur quels schémas producteurs de comique est-elle bâtie ?*

• **La signification**

6. *Alceste est-il un marginal par rapport à la Cour telle que Louis XIV la façonne en ce début de règne (voir p. 166) ? Relisez la première scène, à cet égard.*

7. *Comme à la scène 1 déjà les personnages donnent-ils au vocabulaire moral le même sens (« estime », « amitié ») ? Précisez les visions de la vie sociale qui s'opposent.*

Écriture

8. *Un ballet. N'oubliez pas la passion de Molière pour la danse. L'échange entre les deux partenaires est particulièrement schématisé (v. 261-276, 319-320, 325-326, 333-335, 338, 351-373, 421-434). Quelle est l'efficacité de cette disposition ? Comment rendriez-vous cette chorérégraphie ?*

9. « Sonnet... *C'est un sonnet* » *(v. 305). Avec Alceste, nous pouvons refuser ce genre de poésie : quels seraient vos critères de jugement ? À l'époque, le sonnet relève d'une ingénieuse et vaste littérature de circonstance, d'un jeu, avec ses conventions. Molière ridiculise-t-il ce sonnet ?*

10. *La chanson d'Alceste. Qu'est-ce qui la distingue du sonnet ? Est-elle ridicule comme celle qui enchante Monsieur Jourdain* (Le Bourgeois Gentilhomme, I, 2) *?*

Mise en scène

11. *L'objet a un grand pouvoir de suggestion au théâtre : il renforce, amplifie, enrichit, dévoile le discours. Oronte tient le texte de son sonnet. Quels jeux de scène cette feuille de papier, roulée ou pliée, permet-elle au personnage ? Approuvez-vous le metteur en scène qui fait distribuer par Oronte une copie du sonnet à chacun ?*

12. *Pendant la lecture du sonnet et la récitation d'Alceste, où se tiennent respectivement les trois personnages ? Comment leurs rapports sont-ils lisibles dans l'espace ?*

13. *Les chansons « populaires » avaient la faveur d'un critique aussi exigeant que Boileau. Approuvez-vous le metteur en scène qui place alors Alceste au centre du plateau, exalté, transporté par la chanson ?*

14. *Au théâtre, un personnage muet n'est pas un personnage nul ; les autres le voient et tiennent compte de sa présence. Comme metteur en scène, pensez-vous que la présence de Philinte ait une influence sur le comportement du « poète » et d'Alceste ?*

SCÈNE 3. PHILINTE, ALCESTE

PHILINTE
Hé bien ! vous le voyez : pour être trop sincère,
440 Vous voilà sur les bras une fâcheuse affaire ;
Et j'ai bien vu qu'Oronte, afin d'être flatté...

ALCESTE
Ne me parlez pas.

PHILINTE
Mais...

ALCESTE
Plus de société[1].

PHILINTE
C'est trop...

ALCESTE
Laissez-moi là.

PHILINTE
Si je...

ALCESTE
Point de langage.

PHILINTE
Mais quoi ?

ALCESTE
Je n'entends• rien.

PHILINTE
Mais...

---

1. *plus de société* : laissez-moi seul.

ALCESTE

Encore ?

PHILINTE

On outrage...

ALCESTE

445 Ah, parbleu ! c'en est trop ; ne suivez point mes pas.

PHILINTE

Vous vous moquez de moi, je ne vous quitte pas.

Michel Aumont (Alceste) et Simon Eine (Philinte) dans la mise en scène de Jean-Pierre Vincent (1984).

Bilan

L'action

• Ce que nous savons

*Étrange situation : un misanthrope soupire après une coquette...,
et une coquette tout à fait contaminée par les «mœurs d'à
présent». N'est-ce pas un artifice facile de la part du dramaturge ?
Alceste reconnaît la contradiction, et la redouble (v. 225-228, 230-
232). Il est lucide envers Célimène, si compromise avec la médisance universelle, mais vaincu par sa grâce (v. 233). Il est sûr de
l'amour de cette jeune veuve. Illusion ? Philinte doute (v. 235).
Réécoutons le vers 237 : «Je ne l'aimerais pas, si je ne croyais
l'être», insiste Alceste. Et quel aveu : «Mais la raison n'est pas ce
qui règle l'amour» (v. 248)!*

• À quoi faut-il nous attendre ?

*Alceste obtiendra-t-il de Célimène la clarté désirée ? Sa conception
de l'amour, exposée au vers 240, n'a-t-elle pas de quoi faire fuir la
coquette ? Il compte sur l'œuvre du temps : aujourd'hui doit s'ou-
vrir une ère nouvelle, qui anéantira tout un passé de mondanité
futile et déshonorante dont elle est chargée. Jour décisif et, en cela,
Le Misanthrope peut être rapproché de la tragédie, «jour de déclaration», jour où se fait la lumière la plus impitoyable. Mais si «la
raison n'est pas ce qui règle l'amour», pourquoi Alceste pourrait-il
ramener la coquette à la raison ?*

*À la scène 2, le spectateur de 1666, lui, en entendant le sonnet,
savait qu'Oronte ne parlait pas en l'air : rival d'Alceste auprès de
Célimène, bien en cour auprès du roi, il peut être dangereux en
effet. Or, n'oublions pas qu'Alceste est embarqué dans un procès
considérable.*

Les personnages

• Ce que nous savons

*«Fuir dans un désert» (v. 144). Sans doute le mot n'a-t-il pas alors
le même sens : c'est une demeure retirée du monde, mais l'idée de
fuite attire singulièrement Alceste (v. 95-96). Le personnage est
«bizarre» (v. 2), sujet à des accès de colère brutaux (v. 6, 143).
Ces données psychologiques, pathologiques même, jusqu'à quel
point vont-elles véritablement orienter l'action ?*

*Homme de scène, Molière pense le caractère en termes d'espace.
Par un remarquable paradoxe, Alceste, misanthrope, hante le salon*

de la coquette. Non moins remarquable, la tension chez lui entre mouvement («je n'y puis plus tenir», v. 95), explosions, et fixité ; ainsi, certains termes, comme «arrêt» (v. 31), de sens judiciaire, se rechargent-ils dans le contexte d'une valeur spatiale.

• À quoi faut-il nous attendre ?

Reprenant un canevas des Fâcheux, la pièce sera-t-elle une revue ?... Chacun aura-t-il pour fonction d'illustrer la misanthropie ? Molière fait attendre Célimène, et le portrait qu'en a donné Philinte peut renforcer cette attente ; mais vers quelle action ? À la scène 2, Célimène disparaît totalement du discours des antagonistes, à moins qu'elle ne soit déguisée en la Philis du sonnet ?...

LE MISANTROPE

Gravure de Cars, d'après Boucher, pour l'édition de 1734. Bibliothèque de la Comédie-Française.

41

ACTE II

SCÈNE 1. ALCESTE, CÉLIMÈNE

ALCESTE

    Madame, voulez-vous que je parle net?
    De vos façons d'agir je suis mal[1] satisfait;
    Contre elles dans mon cœur trop de bile s'assemble,
450 Et je sens qu'il faudra que nous rompions ensemble.
    Oui, je vous tromperais de parler autrement;
    Tôt ou tard nous romprons indubitablement;
    Et je vous promettrais mille fois le contraire,
    Que je ne serais pas en pouvoir de le faire.

CÉLIMÈNE

455 C'est pour me quereller donc, à ce que je voi,
    Que vous avez voulu me ramener chez moi?

ALCESTE

    Je ne querelle point; mais votre humeur•, madame,
    Ouvre au premier venu trop d'accès dans votre âme:
    Vous avez trop d'amants• qu'on voit vous obséder[2],
460 Et mon cœur de cela ne peut s'accommoder.

CÉLIMÈNE

    Des amants que je fais me rendez-vous coupable?
    Puis-je empêcher les gens de me trouver aimable?
    Et lorsque pour me voir ils font de doux efforts,
    Dois-je prendre un bâton pour les mettre dehors?

ALCESTE

465 Non, ce n'est pas, madame, un bâton qu'il faut prendre,
    Mais un cœur à leurs vœux moins facile et moins tendre.
    Je sais que vos appas• vous suivent en tous lieux;

---

1. *mal* : peu.
2. *obséder* : assiéger, entourer (et non importuner, ennuyer).

Mais votre accueil retient ceux qu'attirent vos yeux ;
Et sa douceur offerte à qui vous rend les armes[1]
470 Achève sur les cœurs l'ouvrage de vos charmes[2].
Le trop riant espoir que vous leur présentez
Attache autour de vous leurs assiduités ;
Et votre complaisance un peu moins étendue
De tant de soupirants chasserait la cohue.
475 Mais au moins dites-moi, madame, par quel sort
Votre Clitandre a l'heur[3] de vous plaire si fort ?
Sur quel fonds de mérite et de vertu sublime
Appuyez-vous en lui l'honneur de votre estime ?
Est-ce par l'ongle long qu'il porte au petit doigt
480 Qu'il s'est acquis chez vous l'estime où l'on le voit ?
Vous êtes-vous rendue[4], avec tout le beau monde,
Au mérite éclatant de sa perruque blonde ?
Sont-ce ses grands canons[5] qui vous le font aimer ?
L'amas de ses rubans a-t-il su vous charmer ?
485 Est-ce par les appas• de sa vaste rhingrave[6]
Qu'il a gagné votre âme en faisant[7] votre esclave ?
Ou sa façon de rire et son ton de fausset
Ont-ils de vous toucher su trouver le secret ?

CÉLIMÈNE

Qu'injustement de lui vous prenez de l'ombrage[8] !
490 Ne savez-vous pas bien pourquoi je le ménage,
Et que dans mon procès, ainsi qu'il m'a promis,
Il peut intéresser tout ce qu'il a d'amis ?

ALCESTE

Perdez votre procès, madame, avec constance,
Et ne ménagez point un rival qui m'offense.

---

1. *rend les armes* (langage militaire) : s'avoue vaincu, conquis.
2. *charmes* : moyens de séduction.
3. *heur* : bonheur, chance.
4. *vous êtes-vous rendue à* (langage militaire) : avez-vous été vaincue par.
5. *canons* : ornements de soie, toile ou dentelle, allant du genou jusqu'à mi-jambe.
6. *rhingrave* : culotte de cheval très large, dont un rhingrave (*Rheingraf*, comte du Rhin) venait d'introduire (1658) la mode en France.
7. *faisant* : jouant le rôle de, se donnant pour.
8. *ombrage* : soupçon, jalousie, défiance.

CÉLIMÈNE

495 Mais de tout l'univers vous devenez jaloux.

ALCESTE

C'est que tout l'univers est bien reçu de vous.

CÉLIMÈNE

C'est ce qui doit rasseoir[1] votre âme effarouchée,
Puisque ma complaisance est sur tous épanchée ;
Et vous auriez plus lieu de vous en offenser,
500 Si vous me la voyiez sur un seul ramasser.

ALCESTE

Mais moi, que vous blâmez de trop de jalousie,
Qu'ai-je de plus qu'eux tous, madame, je vous prie ?

CÉLIMÈNE

Le bonheur de savoir que vous êtes aimé.

ALCESTE

Et quel lieu de le croire a mon cœur enflammé ?

CÉLIMÈNE

505 Je pense qu'ayant pris le soin de vous le dire,
Un aveu de la sorte a de quoi vous suffire.

ALCESTE

Mais qui[2] m'assurera que, dans le même instant,
Vous n'en disiez peut-être aux autres tout autant ?

CÉLIMÈNE

Certes, pour un amant•, la fleurette[3] est mignonne,
510 Et vous me traitez là de gentille[4] personne.
Hé bien ! pour vous ôter d'un semblable souci,

---

1. *rasseoir* : remettre dans son assiette, calmer, rassurer.
2. *qui* : interrogatif neutre : qu'est-ce qui ?
3. *fleurette* : propos galant, cf. « conter fleurette ». (De là vient le mot anglais « flirt ».)
4. *gentille* : noble (par antiphrase).

De tout ce que j'ai dit[1] je me dédis ici,
Et rien ne saurait plus vous tromper que vous-même :
Soyez content.

ALCESTE

         Morbleu ! faut-il que je vous aime ?
515 Ah ! que si de vos mains je rattrape mon cœur,
Je bénirai le Ciel de ce rare bonheur !
Je ne le cèle[2] pas, je fais tout mon possible
À rompre de ce cœur l'attachement terrible ;
Mais mes plus grands efforts n'ont rien fait jusqu'ici,
520 Et c'est pour mes péchés que je vous aime ainsi.

CÉLIMÈNE

Il est vrai, votre ardeur est pour moi sans seconde[3].

ALCESTE

Oui, je puis là-dessus défier tout le monde.
Mon amour ne se peut concevoir, et jamais.
Personne n'a, madame, aimé comme je fais.

CÉLIMÈNE

525 En effet, la méthode en[4] est toute nouvelle,
Car vous aimez les gens pour leur faire querelle ;
Ce n'est qu'en mots fâcheux qu'éclate votre ardeur,
Et l'on n'a vu jamais un amour si grondeur.

ALCESTE

Mais il ne tient qu'à vous que son chagrin• ne passe.
530 À tous nos démêlés coupons chemin, de grâce,
Parlons à cœur ouvert, et voyons d'arrêter[5]...

---

1. *tout ce que j'ai dit* : ce que j'ai dit pour vous détromper, et l'amour que je viens
de vous avouer.
2. *cèle* : cache.
3. *sans seconde* : la plus grande, unique.
4. *en* : d'aimer.
5. *voyons d'arrêter* : voyons à, cherchons le moyen de prendre une décision.

Questions

Compréhension

• **Les personnages**

– *Célimène*

1. *Une entrée attendue : comment imaginez-vous son apparition ? Et que savons-nous de Célimène ?*

2. *D'un point de vue schématique, et comme ressort du drame, quelle est la fonction de Célimène face à Alceste ? Qu'est-ce qui permet, en prenant les personnages comme des fonctions face à Alceste, de ranger ensemble Philinte, Oronte, Célimène ?*

3. *Apparaît-elle inquiétante ? Ses réactions sont-elles déformées par la violence d'Alceste ? Est-elle saisissable ? Sur quel ton jouer les vers 455-464 et 497-500 ?*

– *Alceste*

4. *À l'ouverture de l'acte II, Alceste est en quelque sorte lourd des tensions et affrontements de l'acte I. Récapitulez ce que nous savons de lui, ce qui le travaille encore pendant « l'entracte ».*

5. *Pourquoi Molière met-il un portrait si développé de Clitandre dans la bouche d'Alceste ? Le plaisir de l'écrivain n'explique pas tout ; qu'est-ce qui irrite Alceste chez ce personnage considéré comme type ? En quoi ce portrait est-il aussi celui d'Alceste ?*

6. *Relevez les marques de la « tyrannie » d'Alceste (v. 465-466, 473-474, 493-494, 507-508). L'expression vous semble-t-elle fondée, excessive ?*

• **Les circonstances**

7. *Peut-on parler d'un malentendu entre les deux personnages ? Ainsi, pourquoi l'aveu du vers 503 ne satisfait-il pas Alceste, alors que pour une femme, à l'époque, pareille déclaration est un acte particulièrement compromettant ?*

8. *Quel projet peut donc bien retenir Alceste auprès de Célimène (voir I, 1, v. 233-234, 241-242) ?*

9. *D'une scène à l'autre. Alceste et Philinte, Alceste et Célimène : relevez les similitudes entre les deux ouvertures d'acte.*

• **La signification**

10. *À partir des vers 451-454, et 517-520, dégagez le principe dramatique sur lequel est construit Le Misanthrope.*

11. *Quels aspects de la société, faits et gens, découvrons-nous ici, en symétrie avec la scène d'ouverture ?*

Écriture

12. *Un beau morceau : le portrait de Clitandre. Regardez d'abord les rimes : de quelles associations de mots procèdent-elles ? Relevez les marques d'exagération. Relevez les figures de l'ironie. Autour de quelle idée le portrait est-il construit ?*

13. *Molière et la mode : rapprochez cette satire des portraits faits par Pierrot dans Dom Juan (II, 1) et Harpagon dans L'Avare (I, 4). Dégagez des traits communs d'écriture dans ces divers échantillons.*

14. *Réécriture : Sous forme de questions diversement introduites, mais toutes aussi perfides, faites le portrait satirique d'un adolescent sacrifiant à la mode du vêtement en loques.*

15. *Reconstituez le code amoureux de Célimène d'après les vers 455-464 et 490-528. Vous le formulerez en un catalogue, sur le modèle : il faut, il ne faut pas, il est normal, il n'est pas étonnant, il n'est pas légitime, etc.*

Le Misanthrope et Célimène par Hillemacher, bibliothèque de l'Arsenal.

SCÈNE 2. Célimène, Alceste, Basque

CÉLIMÈNE
Qu'est-ce ?

BASQUE
Acaste est là-bas[1].

CÉLIMÈNE
Hé bien! faites monter.

ALCESTE
Quoi ? l'on ne peut jamais vous parler tête à tête ?
À recevoir le monde on vous voit toujours prête ?
535 Et vous ne pouvez pas, un seul moment de tous,
Vous résoudre à souffrir• de n'être pas chez vous ?

CÉLIMÈNE
Voulez-vous qu'avec lui je me fasse une affaire[2] ?

ALCESTE
Vous avez des regards[3] qui ne sauraient me plaire.

CÉLIMÈNE
C'est un homme à jamais ne me le pardonner,
540 S'il savait que sa vue eût pu m'importuner.

ALCESTE
Et que vous fait cela pour vous gêner[4] de sorte[5]...?

CÉLIMÈNE
Mon Dieu! de ses pareils la bienveillance importe;
Et ce sont de ces gens qui, je ne sais comment,
Ont gagné dans[6] la cour de parler hautement.

---

1. *là-bas* : en bas, au rez-de-chaussée.
2. *fasse une affaire* : suscite une querelle, une brouille.
3. *regards* : égards, précautions.
4. *pour vous gêner* : pour que vous vous tourmentiez.
5. *de sorte* : de cette manière.
6. *dans* : à.

545 Dans tous les entretiens on les voit s'introduire ;
Ils ne sauraient servir, mais ils peuvent vous nuire ;
Et jamais, quelque appui qu'on puisse avoir d'ailleurs,
On ne doit se brouiller avec ces grands brailleurs[1].

ALCESTE
Enfin, quoi qu'il en soit, et sur quoi qu'on se fonde,
550 Vous trouvez des raisons pour souffrir• tout le monde ;
Et les précautions de votre jugement...

SCÈNE 3. BASQUE, ALCESTE, CÉLIMÈNE

BASQUE
Voici Clitandre encor, madame.

ALCESTE. *Il témoigne s'en vouloir aller.*
                                    Justement.

CÉLIMÈNE
Où courez-vous ?

ALCESTE
                    Je sors.

CÉLIMÈNE
                            Demeurez.

ALCESTE
                                    Pourquoi faire ?

CÉLIMÈNE
Demeurez.

ALCESTE
            Je ne puis.

---

1. *brailleurs* (familier) : braillards.

CÉLIMÈNE

Je le veux.

ALCESTE

Point d'affaire.
555 Ces conversations ne font que m'ennuyer•,
Et c'est trop que vouloir me les faire essuyer[1].

CÉLIMÈNE

Je le veux, je le veux.

ALCESTE

Non, il m'est impossible.

CÉLIMÈNE

Hé bien, allez, sortez, il vous est tout loisible.

SCÈNE 4. ÉLIANTE, PHILINTE, ACASTE, CLITANDRE, ALCESTE, CÉLIMÈNE, BASQUE

ÉLIANTE

Voici les deux marquis qui montent avec nous :
560 Vous l'est-on venu dire ?

CÉLIMÈNE

Oui. Des sièges[2] pous tous.

(À Alceste.)
Vous n'êtes pas sorti ?

ALCESTE

Non ; mais je veux, madame,
Ou pour eux, ou pour moi, faire expliquer votre âme.

---

1. *essuyer* : subir, endurer.
2. *sièges* : ni les fauteuils ni les chaises ne restaient à demeure dans la pièce. Ces mots s'adressent à Basque ; il donne les sièges et sort.

CÉLIMÈNE

Taisez-vous.

ALCESTE

Aujourd'hui, vous vous expliquerez.

CÉLIMÈNE

Vous perdez le sens.

ALCESTE

Point. Vous vous déclarerez.

CÉLIMÈNE

565 Ah !

ALCESTE

Vous prendrez parti.

CÉLIMÈNE

Vous vous moquez, je pense.

ALCESTE

Non, mais vous choisirez : c'est trop de patience.

CLITANDRE

Parbleu ! je viens du Louvre, où Cléonte, au levé[1],
Madame, a bien paru ridicule achevé.
N'a-t-il point quelque ami qui pût, sur ses manières,
570 D'un charitable avis lui prêter les lumières ?

CÉLIMÈNE

Dans le monde, à vrai dire, il se barbouille[2] fort ;
Partout il porte un air qui saute aux yeux[3] d'abord[4],

---

1. *levé* (ou *lever*) : cérémonie quotidienne depuis Henri III. Le *petit lever* est la première réception du roi, dans sa chambre, où n'entrent que quelques privilégiés. Quand le roi a fait sa toilette se tient le *grand lever*.
2. *se barbouille* : se compromet ou se ridiculise.
3. *saute aux yeux* : surprend.
4. *d'abord* : dès l'abord, aussitôt qu'on le voit.

Et lorsqu'on le revoit après un peu d'absence,
On le retrouve encor plus plein d'extravagance.

ACASTE
575 Parbleu! s'il faut parler de gens extravagants,
Je viens d'en essuyer[1] un des plus fatigants :
Damon, le raisonneur[2], qui m'a, ne vous déplaise,
Une heure, au grand soleil, tenu hors de ma chaise[3].

CÉLIMÈNE
C'est un parleur étrange, et qui trouve toujours
580 L'art de ne vous rien dire avec de grands discours ;
Dans les propos qu'il tient, on ne voit jamais goutte,
Et ce n'est que du bruit que tout ce qu'on écoute.

ÉLIANTE, à Philinte.
Ce début n'est pas mal ; et contre le prochain
La conversation prend un assez bon train.

CLITANDRE
585 Timante encor, madame, est un bon caractère[4].

CÉLIMÈNE
C'est de la tête aux pieds un homme tout mystère[5],
Qui vous jette en passant un coup d'œil égaré,
Et, sans aucune affaire, est toujours affairé.
Tout ce qu'il vous débite en grimaces• abonde ;
590 À force de façons, il assomme[6] le monde ;
Sans cesse il a, tout bas, pour rompre[7] l'entretien,
Un secret à vous dire, et ce secret n'est rien ;

---

1. *essuyer* : supporter, endurer tout en dédaignant. Le mot était à la mode.
2. *raisonneur* : bavard (comme *parleur*, v. 579).
3. *chaise* : chaise à porteurs, à la mode depuis une vingtaine d'années.
4. *un bon caractère* : un original, une personnalité remarquable (cf. *Les Caractères* de La Bruyère).
5. *un homme tout mystère* : qui aime les secrets, qui met du mystère en tout.
6. *assomme* : le mot n'était pas familier.
7. *rompre* : interrompre.

De la moindre vétille[1] il fait une merveille,
Et jusques au bonjour, il dit tout à l'oreille.

ACASTE
595 Et Géralde, madame ?

CÉLIMÈNE

Ô l'ennuyeux conteur !
Jamais on ne le voit sortir du grand seigneur[2] ;
Dans le brillant commerce• il se mêle sans cesse,
Et ne cite jamais que duc, prince ou princesse :
La qualité [3] l'entête[4] ; et tous ses entretiens
600 Ne sont que de chevaux, d'équipage[5] et de chiens ;
Il tutaye[6] en parlant ceux du plus haut étage[7],
Et le nom de monsieur est chez lui hors d'usage.

CLITANDRE
On dit qu'avec Bélise il est du dernier bien[8].

CÉLIMÈNE
Le pauvre esprit de femme, et le sec entretien !
605 Lorsqu'elle vient me voir, je souffre le martyre :
Il faut suer[9] sans cesse à chercher que lui dire,
Et la stérilité de son expression
Fait mourir à tous coups la conversation.
En vain, pour attaquer son stupide silence,
610 De tous les lieux communs vous prenez l'assistance :
Le beau temps et la pluie, et le froid et le chaud
Sont des fonds[10] qu'avec elle on épuise bientôt.

---

1. *vétille* : bagatelle, chose insignifiante.
2. *sortir du grand seigneur* : parler d'autre chose que des grands seigneurs.
3. *qualité* : noblesse de naissance. « Un homme de qualité » est un noble.
4. *l'entête* : lui porte à la tête, est son idée fixe, l'obsède.
5. *équipage* : ici, tout ce qui est nécessaire pour la chasse (armes, valets) ; s'emploie aussi dans un sens plus large.
6. *tutaye* : tutoie.
7. *étage* : rang social.
8. *du dernier bien* : au mieux, ami très intime (tour précieux).
9. *suer* : le mot n'était pas vulgaire alors.
10. *fonds* : sujets, matières.

Cependant sa visite, assez[1] insupportable.
Traîne en une longueur encore épouvantable ;
615 Et l'on demande l'heure, et l'on bâille vingt fois.
Qu'elle grouille[2] aussi peu qu'une pièce de bois.

ACASTE

Que vous semble d'Adraste ?

CÉLIMÈNE

                      Ah ! quel orgueil extrême !
C'est un homme gonflé de l'amour de soi-même.
Son mérite jamais n'est content de la cour :
620 Contre elle il fait métier de pester chaque jour,
Et l'on ne donne emploi[3], charge[4] ni bénéfice[5],
Qu'à tout ce qu'il se croit[6] on ne fasse injustice.

CLITANDRE

Mais le jeune Cléon, chez qui vont aujourd'hui
Nos plus honnêtes gens•, que dites-vous de lui ?

CÉLIMÈNE

625 Que de son cuisinier il s'est fait un mérite,
Et que c'est à sa table à qui l'on rend visite.

ÉLIANTE

Il prend soin d'y servir des mets fort délicats.

CÉLIMÈNE

Oui ; mais je voudrais bien qu'il ne s'y servît pas :
C'est un fort méchant• plat que sa sotte personne,
630 Et qui gâte, à mon goût, tous les repas qu'il donne.

---

1. *assez* : très.
2. *grouille* : remue, bouge (mot très familier).
3. *emploi* : commission ou mission en général temporaire.
4. *charge* : emploi permanent ; ex. : chancelier, premier président. Cf. v. 1076
« charge à la cour ».
5. *bénéfice* : « titre ou dignité ecclésiastique, accompagnée de revenu » (*Dictionnaire*
de l'Académie, 1694).
6. *à tout ce qu'il se croit* : à toutes les qualités qu'il s'attribue.

PHILINTE
   On fait assez de cas de son oncle Damis :
   Qu'en dites-vous, madame ?

CÉLIMÈNE

                              Il est de mes amis.

PHILINTE
   Je le trouve honnête homme•, et d'un air assez sage.

CÉLIMÈNE
   Oui ; mais il veut avoir trop d'esprit, dont[1] j'enrage ;
635 Il est guindé[2] sans cesse ; et dans tous ses propos,
   On voit qu'il se travaille[3] à dire de bons mots.
   Depuis que dans la tête il s'est mis d'être habile[4],
   Rien ne touche son goût, tant il est difficile ;
   Il veut voir des défauts à tout ce qu'on écrit,
640 Et pense que louer n'est pas d'un bel esprit[5],
   Que c'est être savant que trouver à redire,
   Qu'il n'appartient qu'aux sots d'admirer et de rire,
   Et qu'en n'approuvant rien des ouvrages du temps,
   Il se met au-dessus de tous les autres gens ;
645 Aux conversations même il trouve à reprendre :
   Ce sont propos trop bas pour y daigner descendre ;
   Et les deux bras croisés, du haut de son esprit
   Il regarde en pitié tout ce que chacun dit.

ACASTE
   Dieu me damne, voilà son portrait véritable.

CLITANDRE
650 Pour bien peindre les gens vous êtes admirable.

---

1. *dont* : ce dont (ellipse de *ce*).
2. *guindé* : artificiellement raide.
3. *se travaille à* : se donne du mal pour.
4. *habile* : cultivé et savant, connaisseur.
5. *bel esprit* : non péjoratif ici : esprit cultivé ; cf. v. 342.

ALCESTE

Allons, ferme[1], poussez[2], mes bons[3] amis de cour[4];
Vous n'en épargnez point, et chacun a son tour :
Cependant aucun d'eux à vos yeux ne se montre,
Qu'on ne vous voie, en hâte, aller à sa rencontre,
655 Lui présenter la main, et d'un baiser flatteur
Appuyer les serments d'être son serviteur.

CLITANDRE

Pourquoi s'en prendre à nous? Si ce qu'on dit vous
[blesse,
Il faut que le reproche à madame s'adresse.

ALCESTE

Non, morbleu•! c'est à vous; et vos ris[5] complaisants
660 Tirent de son esprit tous ces traits médisants.
Son humeur• satirique est sans cesse nourrie[6]
Par le coupable encens de votre flatterie;
Et son cœur à railler trouverait moins d'appas•,
S'il avait observé qu'on ne l'applaudît pas.
665 C'est ainsi qu'aux flatteurs on doit partout se prendre[7]
Des vices où l'on voit les humains se répandre.

PHILINTE

Mais pourquoi pour ces gens un intérêt si grand,
Vous qui condamneriez ce qu'en eux on reprend?

CÉLIMÈNE

Et ne faut-il pas bien que monsieur contredise?
670 À la commune voix veut-on qu'il se réduise,
Et qu'il ne fasse pas éclater en tous lieux

---

1. *ferme* : exclamation; l'adjectif a une valeur adverbiale.
2. *poussez* : allez de l'avant, continuez, n'abandonnez pas.
Pousser, sans complément, appartient à la langue de l'escrime ou à celle de l'équitation (pousser son cheval).
3. *bons* : ironique.
4. *amis de cour* : ceux qu'à la cour on appelle des amis, c'est-à-dire de faux amis.
5. *ris* : ou rires; *ris* est presque toujours au pluriel.
6. *nourrie* : alimentée et entretenue.
7. *se prendre* : s'en prendre.

L'esprit contrariant qu'il a reçu des cieux ?
Le sentiment d'autrui n'est jamais pour lui plaire ;
Il prend toujours en main l'opinion contraire,
675 Il penserait paraître un homme du commun,
Si l'on voyait qu'il fût de l'avis de quelqu'un.
L'honneur de contredire a pour lui tant de charmes,
Qu'il prend contre lui-même assez souvent les armes ;
Et ses vrais sentiments sont combattus par lui,
680 Aussitôt qu'il les voit dans la bouche d'autrui.

ALCESTE

Les rieurs sont pour vous, madame, c'est tout dire,
Et vous pouvez pousser[1] contre moi la satire.

PHILINTE

Mais il est véritable aussi que votre esprit
Se gendarme toujours contre tout ce qu'on dit,
685 Et que, par un chagrin• que lui-même il avoue,
Il ne saurait souffrir• qu'on blâme, ni qu'on loue.

ALCESTE

C'est que jamais, morbleu• ! les hommes n'ont raison,
Que le chagrin• contre eux est toujours de saison,
Et que je vois qu'ils sont, sur toutes les affaires,
690 Loueurs impertinents[2] ou censeurs téméraires.

CÉLIMÈNE

Mais...

ALCESTE

                Non, madame, non ; quand j'en devrais mourir,
Vous avez des plaisirs que je ne puis souffrir• ;
Et l'on a tort ici de nourrir dans votre âme
Ce grand attachement aux défauts qu'on[3] y blâme.

---

1. *pousser* : continuer en attaquant ; cf. v. 651.
2. *impertinents* : qui manquent de discernement, de bon sens.
3. *on* : en particulier Philinte : cf. v. 213-224.

CLITANDRE

695 Pour moi, je ne sais pas, mais j'avouerai tout haut
Que j'ai cru jusqu'ici madame sans défaut.

ACASTE

De grâces et d'attraits je vois qu'elle est pourvue ;
Mais les défauts qu'elle a ne frappent point ma vue.

ALCESTE

Ils frappent tous la mienne ; et loin de m'en cacher[1],
700 Elle sait que j'ai soin de les lui reprocher.
Plus on aime quelqu'un, moins il faut qu'on le flatte ;
À ne rien pardonner le pur amour éclate ;
Et je bannirais, moi, tous ces lâches amants•
Que je verrais soumis à tous mes sentiments,
705 Et dont, à tous propos, les molles complaisances
Donneraient de l'encens[2] à mes extravagances.

CÉLIMÈNE

Enfin, s'il faut qu'à vous s'en rapportent les cœurs,
On doit, pour bien aimer, renoncer aux douceurs[3],
Et du parfait amour mettre l'honneur suprême
710 À bien injurier les personnes qu'on aime.

ÉLIANTE

L'amour, pour l'ordinaire, est peu fait à ces lois[4],
Et l'on voit les amants vanter toujours leurs choix ;
Jamais leur passion n'y[5] voit rien de blâmable,
Et dans l'objet aimé tout leur devient aimable :
715 Ils comptent les défauts pour des perfections,
Et savent y[6] donner de favorables noms.
La pâle est aux jasmins en blancheur comparable ;

---

1. *Loin de m'en cacher* : loin que je me cache de bien voir ses défauts. Syntaxe ancienne ; l'expression ne se rapporte pas au sujet principal de la phrase.
2. *encens* : approbation flatteuse.
3. *douceurs* : doux propos, galants ou tendres.
4. v. 711-730 : passage imité du poète latin Lucrèce (*De Natura rerum*, IV, 1149-1166), que Molière avait probablement traduit.
5. *y* : dans la personne aimée. Le pronom *y* peut représenter une personne.
6. *y* : leur.

La noire[1] à faire peur, une brune adorable ;
La maigre a de la taille et de la liberté[2] ;
720 La grasse est dans son port pleine de majesté ;
La malpropre[3] sur soi, de peu d'attraits chargée,
Est mise sous le nom de beauté négligée ;
La géante paraît une déesse aux yeux ;
La naine, un abrégé des merveilles des cieux ;
725 L'orgueilleuse a le cœur digne d'une couronne ;
La fourbe a de l'esprit ; la sotte est toute bonne ;
La trop grande parleuse est d'agréable humeur• ;
Et la muette garde une honnête pudeur.
C'est ainsi qu'un amant• dont l'ardeur est extrême
730 Aime jusqu'aux défauts des personnes qu'il aime.

ALCESTE

Et moi, je soutiens, moi...

CÉLIMÈNE

                              Brisons là ce discours,
Et dans la galerie[4] allons faire deux tours.
Quoi ? vous vous en allez, messieurs ?

CLITANDRE et ACASTE

                                        Non pas, madame.

ALCESTE

La peur de leur départ occupe fort votre âme.
735 Sortez quand vous voudrez, messieurs ; mais j'avertis
Que je ne sors qu'après que vous serez sortis.

ACASTE

À moins de voir madame en être importunée,
Rien ne m'appelle ailleurs de toute la journée.

---

1. *noire* : au teint bronzé ou basané.
2. *liberté* : aisance dans les mouvements.
3. *malpropre* : mal habillée, sans élégance.
4. *galerie* : grande pièce plus longue que large de la maison de Célimène (cf. la *galerie* des Glaces, à Versailles).

CLITANDRE
   Moi, pourvu que je puisse être au petit couché[1],
740 Je n'ai point d'autre affaire où je sois attaché.

CÉLIMÈNE
   C'est pour rire, je crois.

ALCESTE
                    Non, en aucune sorte ;
Nous verrons si c'est moi que vous voudrez qui sorte.

Le Misanthrope, *mise en scène d'Antoine Vitez, théâtre de Chaillot, 1988.*

---

1. *petit couché* : ou *coucher*, cérémonie analogue au *petit lever* (cf. v. 567) ; le roi, après avoir salué les courtisans *(grand coucher)*, retenait auprès de lui les privilégiés jusqu'à son véritable coucher.

Questions

Compréhension

• Les personnages

1. Le portrait de Damis : sa place dans la scène ? Se distingue-t-il particulièrement des autres ? Pourquoi Alceste explose-t-il juste après ce portrait ?

2. Alceste seul contre tous (v. 651-710). Comment évolue la dispute, après son éclat ? Marquez-en les phases. Comment se répartissent les répliques ?

3. Alceste et Philinte. L'objection de Philinte (v. 667-668) est-elle décisive ? Alceste est-il pris dans la contradiction où il veut l'enfermer ? Sa seconde intervention, en forme de portrait adressé à Alceste même, est-elle juste ? Comparez-la avec les vers 4, 97-98, 102, 145-146 (I, 1). Alceste est-il conditionné par sa maladie ? Peut-on parler d'une sagesse d'Alceste quand il observe le dérèglement de la faculté de juger chez les hommes (v. 687-690) ?

4. Alceste et les marquis. Pourquoi Alceste s'en prend-il d'abord, et particulièrement, à eux ? Quel mécanisme met-il au jour ?

• Les circonstances

5. Pourquoi les personnages se réunissent-ils ? Quels charmes y trouvent-ils, alors qu'Alceste « s'ennuie » (scène 3, v. 555) ?

6. Cette longue suite de rosseries n'est pas uniquement un morceau de bravoure. Voyez-vous des liens avec l'acte I et le début de l'acte II (anecdotes rapportées, comportements des personnages vus sur la scène ou connus par les portraits qui en ont été faits) ?

Écriture

7. Le jeu des portraits. Quelles sont ses règles ? Ils se suivent et ne se ressemblent pas. Quels moyens Molière utilise-t-il pour maintenir la variété : manières qu'ont les interlocuteurs de Célimène de lancer la balle, de la reprendre ; « attaque » des portraits, etc. ?

8. Un « caractère » (v. 585). Définissez le terme. Quelle est l'étymologie, encore vive pour le public de 1666, et que La Bruyère gardera en mémoire dans ses Caractères (1688, 1ʳᵉ édition) ? Chaque portrait est une suite de variations sur le trait marquant du personnage (ne pas oublier que le mot personnage lui-même vient

du latin persona : *le masque*). Quelles sont les diverses fonctions de ces variations d'après deux exemples de cette galerie de portraits, Damon et Bélise ? Relevez les « pointes », ces formules brillantes qui terminent comme des éclairs le portrait.

9. *Une mode :* les Caractères *du moraliste (La Bruyère), les « caractères » de la mondaine (Célimène). Comparez les portraits de cette scène avec ceux des* Caractères : *Timante avec Acis (V, 7, et aussi V, 8) ; Géralde avec Théodote (VIII, 61 et V, 8 également) ; Damis avec Arsène (I, 24) ; Adraste avec Ergaste (VI, 28) ; Cléon avec Cliton (XI, 122). Mais l'optique théâtrale a ses exigences propres. Montrez-en les conséquences sur l'écriture des portraits.*

10. *Un chef-d'œuvre, la tirade d'Éliante (v. 711-730). Sur quel principe chaque vers est-il construit ? Si vous aviez à choisir dans ce bouquet, quels vers détacheriez-vous, et pourquoi ?*

11. *Réécriture :* complétez la liste, par un vers pour l'évaporée, un autre pour l'hypocrite, un pour la femme gaspilleuse, un pour la femme snob. On pourra aussi transposer, en proposant un vers-formule pour les différents « types » d'adolescents de la classe, transfigurés par le regard amoureux (le fumiste, le séducteur ridicule, le rêveur, le sournois, etc.).

Mise en scène

12. *« Des sièges pour tous » (v. 561). En 1984, à la Comédie-Française, Jean-Pierre Vincent place les tabourets cossus, revêtus de soie dorée, pieds travaillés et dorés, sur une même ligne oblique de côté, en rang d'oignons (cf. p. 157). On attendrait une disposition circulaire ; les personnages ne se voient pas les uns les autres, alignés qu'ils sont. Les tabourets sont adossés à un pan de mur nu, portant seulement des éclats de miroir brisé, éclats irréguliers, aux pointes menaçantes. Ces sièges sont sur un large palier surélevé de quelques marches, « podium pour ceux qui s'exposent et se mettent en représentation », propose le metteur en scène. Qu'est-ce qui, d'après cette scène, peut justifier un tel choix scénographique ?*

13. *Le personnage muet. À partir du vers 566, Alceste se tait, pour longtemps. Où le placer ? En rang avec les autres, au bout de la rangée ? À l'écart ? Que fait-il pendant les « portraits » ?*

SCÈNE 5. Basque, Alceste, Célimène, Éliante,
Acaste, Philinte, Clitandre

BASQUE

Monsieur, un homme est là qui voudrait vous parler,
Pour affaire[1], dit-il, qu'on ne peut reculer.

ALCESTE

745 Dis-lui que je n'ai point d'affaires si pressées.

BASQUE

Il porte une jaquette[2] à grand'basques plissées,
Avec du dor[3] dessus.

CÉLIMÈNE

Allez voir ce que c'est,
Ou bien faites-le[4] entrer.

ALCESTE

Qu'est-ce donc qu'il[5] vous plaît?
Venez, monsieur.

SCÈNE 6. un garde, Alceste, Célimène, Éliante,
Acaste, Philinte, Clitandre

LE GARDE

Monsieur, j'ai deux mots à vous dire.

ALCESTE

750 Vous pouvez parler haut, monsieur, pour m'en instruire.

---

1. *affaire* : une affaire.
2. *jaquette* : casaque militaire brodée.
3. *dor* : forme populaire pour *or*.
4. *le entrer* : le *e* s'élide (l'entrer).
5. *qu'il* : ou *qui*. On dit indifféremment les deux au XVIIᵉ siècle.

LE GARDE
    Messieurs les Maréchaux[1], dont j'ai commandement,
Vous mandent[2] de venir les trouver promptement,
Monsieur.

ALCESTE
                    Qui ? moi, monsieur ?

LE GARDE
                                        Vous-même.

ALCESTE
                                            Et pourquoi faire ?

PHILINTE
    C'est d'Oronte et de vous la ridicule affaire.

CÉLIMÈNE
755 Comment ?

PHILINTE
                    Oronte et lui se sont tantôt bravés
Sur certains petits vers, qu'il n'a pas approuvés ;
Et l'on veut assoupir la chose en[3] sa naissance.

ALCESTE
    Moi, je n'aurai jamais de lâche complaisance.

PHILINTE
    Mais il faut suivre l'ordre : allons, disposez-vous...

ALCESTE
760 Quel accommodement veut-on faire entre nous ?
La voix de ces messieurs me condamnera-t-elle
À trouver bons les vers qui font notre querelle ?

---

1. *les Maréchaux* : tribunal de gentilshommes pour juger les affaires d'honneur entre nobles, constitué en 1602, surtout pour éviter les duels.
2. *mandent* : envoient l'ordre.
3. *en* : à.

Je ne me dédis point de ce que j'en ai dit,
Je les trouve méchants•.

PHILINTE

Mais, d'un plus doux esprit...

ALCESTE

765 Je n'en démordrai point : les vers sont exécrables.

PHILINTE

Vous devez faire voir des sentiments traitables.
Allons, venez.

ALCESTE

J'irai, mais rien n'aura pouvoir
De me faire dédire.

PHILINTE

Allons vous faire voir.

ALCESTE

Hors qu'un commandement exprès[1] du Roi me vienne
770 De trouver bons les vers dont on se met en peine,
Je soutiendrai toujours, morbleu•! qu'ils sont mauvais,
Et qu'un homme est pendable après les avoir faits.
(À Clitandre et Acaste, qui rient.)
Par la sangbleu[2]! Messieurs, je ne croyais pas être
Si plaisant que je suis.

CÉLIMÈNE

Allez vite paraître
775 Où vous devez.

ALCESTE

J'y vais, madame, et sur mes pas
Je reviens en ce lieu, pour vuider[3] nos débats.

---

1. *exprès* : spécialement rédigé, formel.
2. *par la sangbleu!* : juron; déformation populaire de : par le sang de Dieu!
3. *vuider* : vider, c'est-à-dire régler, achever.

Questions

Compréhension

• Un coup de théâtre

1. La longue scène 4, et tout le début de l'acte II ont fait oublier Oronte. L'intérêt de l'intrigue se réveille avec l'arrivée du garde, mystérieusement annoncée à la scène 5. Mais elle permet aussi à la pièce d'avancer : en effet, que faisaient les personnages à la fin de la scène 4 ? L'apparition du garde envoyé par les Maréchaux a-t-elle d'autres intérêts et sur quel(s) plan(s) ?

2. Basque ou l'information par périphrase. À la scène 5, quels sont les effets de la périphrase (v. 744-747) et sa cause ?

• Les personnages

3. Personnage secondaire, Basque est pourtant intéressant parce que d'autres personnages de Molière reparaissent à travers lui : il renvoie à un rôle du répertoire, qui se réincarne en tel ou tel personnage particulier (voir pp. 189-190). Caractérisez Basque. Rapprochez-le de Pierrot, le paysan par les yeux duquel nous apparaît Dom Juan dans son costume de grand seigneur : « Il a du dor à son habit tout depuis le haut jusqu'en bas » (Dom Juan, II, I).

4. Alceste et Philinte semblent bien continuer un duo commencé à l'acte I. De quels moments, de quels accents la scène 6 se fait-elle l'écho ?

L'action

• Ce que nous savons

Que savons-nous de plus qu'à la fin de l'acte I? L'acte II a confirmé le spectacle du monde tel qu'Alceste l'avait représenté. Les marquis face à Célimène d'une part, les propos de Célimène sur les marquis d'autre part, ont, semble-t-il, donné raison à la dénonciation par Alceste de la comédie mondaine, du réseau de médisances qui la sous-tend : n'est-on pas chez Célimène pour faire cercle, et le cercle ne se forme-t-il pas par la médisance ? L'euphorie de la compagnie suppose qu'on fasse de chaque personne critiquée un «caractère», qu'on la constitue en masque, en renonçant à toute investigation en profondeur. À un autre niveau, les figures qui passent dans cet acte sous la forme de portraits font sentir toute l'étendue de la mondanité contre laquelle part en guerre le nouveau Don Quichotte.

• À quoi faut-il nous attendre ?

Alceste, c'est une comédie, n'aura plus qu'à se réconcilier avec Oronte. Il aura donné raison aux marquis moqueurs (v. 773-774), aura trouvé une raison de plus, s'il en manquait, pour vouloir «rompre en visière» au genre humain.
Mais pourra-t-il «vuider» ses «débats» (v. 776) avec Célimène ? Tout l'art du dramaturge a été, dans cet acte, de dresser des obstacles entre eux, selon un principe en même temps efficace pour faire naître le comique. Chaque fois qu'il croit toucher au but (le tête-à-tête avec Célimène), un fâcheux se présente, puis un autre. Alceste n'est pas plus avancé qu'à la fin de l'acte I. Y a-t-il des raisons pour que le mécanisme mis en place ne se renouvelle pas à l'acte III? J. Guicharnaud voit dans la dernière scène de l'acte II la préfiguration d'un dénouement possible : un deus ex machina, le roi, pourrait seul mettre fin au trouble qu'apporte Alceste dans la société, le réduire à l'impuissance. Quant à le changer!...

Les personnages

• Ce que nous savons

C'est ce qu'Alceste sait désormais. Depuis la réplique de Célimène «Le bonheur de savoir que vous êtes aimé» (v. 503), il a obtenu un aveu; quand on se rappelle combien dire l'amour coûte à l'«honneur du sexe», selon les termes de l'époque, Alceste devrait *s'estimer heureux. Mais Alceste exige un aveu singulier, à la mesure de ce qu'il déclare lui-même (v. 514-520).*

Que savons-nous des sentiments de Célimène envers lui ? Au moins savons-nous ce qu'elle pense des marquis, et par quelle raison (dit-elle) elle les souffre.

Cet acte, par la scène des portraits, a montré toute la distance entre la vision du monde (au sens littéral de l'expression) des visiteurs de Célimène, et celle d'Alceste. Pour eux, selon le mot de J. Guicharnaud (Molière, Une aventure théâtrale, Gallimard, 1963, p. 415) : «autrui n'est rien de plus que ce que je veux bien voir de lui», selon la pente de la médisance et de l'illusion ; Alceste, lui, a «faim de l'être même».

• À quoi faut-il nous attendre ?

Des ombres subsistent sur le personnage de Célimène ; mais, précisément, ne serait-elle qu'un «personnage»? Le Misanthrope montre comment le regard collectif constitue les autres en «personnages» : nous l'avons vu durant l'acte entier, et de toutes les façons. Notre connaissance, même imparfaite, de Célimène ne fait pas espérer que les ombres soient dissipées. «Et moi, je soutiens, moi» (v. 731) : face à cette affirmation répétée d'Alceste, tout paraît arrêté, définitivement suspendu entre les deux protagonistes.

ACTE III

SCÈNE 1. Clitandre, Acaste

CLITANDRE

Cher marquis, je te vois l'âme bien satisfaite :
Toute chose t'égaye, et rien ne t'inquiète.
En bonne foi, crois-tu, sans t'éblouir les yeux,
780 Avoir de grands sujets de paraître joyeux ?

ACASTE

Parbleu ! je ne vois pas, lorsque je m'examine,
Où prendre aucun sujet d'avoir l'âme chagrine•.
J'ai du bien, je suis jeune, et sors d'une maison
Qui se peut dire noble avec quelque raison ;
785 Et je crois, par le rang que me donne ma race,
Qu'il est fort• peu d'emplois dont je ne sois en passe[1].
Pour le cœur•, dont surtout nous devons faire cas,
On sait, sans vanité, que je n'en manque pas,
Et l'on m'a vu pousser[2], dans le monde, une affaire[3]
790 D'une assez[4] vigoureuse et gaillarde[5] manière.
Pour de l'esprit, j'en ai sans doute•, et[6] du bon goût
À juger sans étude et raisonner de tout,
À faire aux nouveautés[7], dont je suis idolâtre,
Figure de savant sur les bancs[8] du théâtre,
795 Y décider en chef, et faire du fracas
À tous les beaux endroits qui méritent des *ha* !
Je suis assez adroit ; j'ai bon air, bonne mine,

---

1. *sois en passe* : sois en bonne position pour obtenir. *Passe* : arceau sous lequel doit passer la boule au jeu de mail ; ce jeu ressemblait au jeu de croquet (*mail* = maillet).
2. *pousser* : mener jusqu'au bout, sans aucun compromis.
3. *affaire* : une affaire d'honneur, un duel.
4. *assez* : très.
5. *gaillarde* : hardie, vaillante.
6. *et* : et aussi.
7. *nouveautés* : pièces nouvelles.
8. *bancs* : banquettes disposées sur la scène, réservées aux grands seigneurs.

Les dents belles surtout, et la taille fort fine.
Quant à se mettre bien[1], je crois, sans me flatter,
800 Qu'on serait mal venu de me le disputer.
Je me vois dans l'estime autant qu'on y puisse être,
Fort aimé du beau sexe, et bien auprès du maître.
Je crois qu'avec cela, mon cher marquis, je croi
Qu'on peut, par tout pays[2], être content de soi.

CLITANDRE

805 Oui ; mais trouvant ailleurs des conquêtes faciles,
Pourquoi pousser ici des soupirs inutiles ?

ACASTE

Moi ? Parbleu ! je ne suis de taille ni d'humeur
À pouvoir d'une belle essuyer[3] la froideur.
C'est aux gens mal tournés, aux mérites vulgaires,
810 À brûler constamment[4] pour des beautés sévères,
À languir à leurs pieds et souffrir leurs rigueurs,
À chercher le secours des soupirs et des pleurs,
Et tâcher, par des soins d'une très longue suite,
D'obtenir ce qu'on nie à leur peu de mérite.
815 Mais les gens de mon air, marquis, ne sont pas faits
Pour aimer à crédit, et faire tous les frais.
Quelque rare que soit le mérite des belles,
Je pense, Dieu merci ! qu'on[5] vaut son prix comme elles,
Que pour se faire honneur d'un cœur comme le mien,
820 Ce n'est pas la raison[6] qu'il ne leur coûte rien,
Et qu'au moins, à tout mettre en de justes balances,
Il faut qu'à frais communs se fassent les avances.

CLITANDRE

Tu penses donc, marquis, être fort bien[7] ici ?

---

1. *se mettre bien* : s'habiller élégamment (cf. « bien mis »), plutôt que : se faire des relations utiles.
2. *par tout pays* : partout.
3. *essuyer* : subir, tolérer.
4. *constamment* : avec constance, persévérance.
5. *on* : je.
6. *ce n'est pas la raison* : il n'est pas raisonnable.
7. *être bien* : être en faveur, être aimé.

ACASTE

J'ai quelque lieu, marquis, de le penser ainsi.

CLITANDRE

825 Crois-moi, détache-toi de cette erreur extrême :
Tu te flattes[1], mon cher, et t'aveugles toi-même.

ACASTE

Il est vrai, je me flatte et m'aveugle en effet[2].

CLITANDRE

Mais qui[3] te fait juger ton bonheur si parfait ?

ACASTE

Je me flatte.

CLITANDRE

Sur quoi fonder tes conjectures ?

ACASTE

830 Je m'aveugle.

CLITANDRE

En as-tu des preuves qui soient sûres ?

ACASTE

Je m'abuse, te dis-je.

CLITANDRE

Est-ce que de ses vœux[4]
Célimène t'a fait quelques secrets aveux ?

ACASTE

Non, je suis maltraité.

---

1. *tu te flattes* : tu te trompes.
2. *en effet* : en réalité.
3. *qui* : qu'est-ce qui (au neutre).
4. *vœux* : amour.

CLITANDRE

Réponds-moi, je te prie.

ACASTE

Je n'ai que des rebuts[1].

CLITANDRE

Laissons la raillerie,
835 Et me dis[2] quel espoir on[3] peut t'avoir donné.

ACASTE

Je suis le misérable, et toi le fortuné :
On a pour ma personne une aversion grande,
Et quelqu'un de ces jours il faut que je me pende.

CLITANDRE

Ô çà[4], veux-tu, marquis, pour ajuster[5] nos vœux[6],
840 Que nous tombions d'accord d'une chose tous deux ?
Que qui pourra montrer une marque certaine
D'avoir meilleure part au cœur de Célimène,
L'autre ici fera place au vainqueur prétendu[7]
Et le délivrera d'un rival assidu ?

ACASTE

845 Ah, parbleu ! tu me plais avec un tel langage,
Et du bon de mon cœur[8] à cela je m'engage.
Mais, chut !

---

1. *rebuts* : « action par laquelle on rebute » (*Dictionnaire* de l'Académie, 1694), rebuffades.
2. *me dis* : dis-moi. Dans une suite d'impératifs, le dernier pronom complément est avant le verbe, et sous sa forme atone.
3. *on* : Célimène (comme au v. 837).
4. *Ô çà* : eh bien !
5. *ajuster* : concilier, accommoder.
6. *vœux* : sentiments.
7. *prétendu* : futur, présumé.
8. *du bon de mon cœur* : avec la meilleure partie de mon cœur.

Questions

Compréhension

• **Les personnages**

1. *Acaste : Narcisse et «grand brailleur». Le narcissisme du marquis suscite-t-il l'agacement, le sourire ? Auparavant définissez le narcissisme. Pensez-vous, en accord avec un critique, que «dans la grande famille moliéresque où tant de personnages se voient autres qu'ils ne sont», Acaste, lui, «se voit tel qu'il est» ? Comparez l'image qu'il donne de lui avec le portrait esquissé par Célimène (v. 542-548).*

2. *Comment l'autoportrait est-il construit ? Cette construction permet-elle d'éclairer la psychologie dominante du milieu qui fréquente chez Célimène ? À cet égard, rapprochez les portraits des autres (II, 4) de l'autoportrait.*

3. *Duettistes, duellistes ? Sur quel ton dire le quatrain initial, l'attaque ? Sur quel ton le pacte proposé par Clitandre (v. 839-844) ?*

• **Les circonstances**

4. *Quelle est l'importance dramatique du pacte qui conclut la scène ? Le comportement équivoque, la duplicité de Célimène ne sont-ils pas ici inscrits en creux (v. 806-824) ? Les soupçons d'Alceste ne sont-ils pas confirmés par les sous-entendus des deux duettistes ?*

Écriture

5. *Scène très enlevée, exécutée en trois temps. Au théâtre le terme pouvant être pris dans un sens musical, caractérisez chacun de ces temps. À l'intérieur de chaque temps, pouvez-vous distinguer des accélérations ?*

6. *Scène exécutée selon des schémas dont l'efficacité a été éprouvée par Molière. Par exemple, dans les vers 823-838, réduisez à une formule l'articulation et le mouvement des répliques.*

7. *Un autoportrait (v. 781-804). Formulez en quelques mots, pour cette tirade, le thème que le personnage développe.*

SCÈNE 2. CÉLIMÈNE, ACASTE, CLITANDRE

CÉLIMÈNE

Encore ici?

CLITANDRE

L'amour retient nos pas.

CÉLIMÈNE

Je viens d'ouïr entrer un carrosse là-bas[1] :
Savez-vous qui c'est?

CLITANDRE

Non.

SCÈNE 3. BASQUE, CÉLIMÈNE, ACASTE, CLITANDRE

BASQUE

Arsinoé, madame,

850 Monte ici pour vous voir.

CÉLIMÈNE

Que me veut cette femme?

BASQUE

Éliante là-bas est à l'entretenir.

CÉLIMÈNE

De quoi s'avise-t-elle et qui la fait venir?

ACASTE

Pour prude[2] consommée[3] en tous lieux elle passe,
Et l'ardeur de son zèle[4]...

---

1. *là-bas* : en bas, dans la cour.
2. *prude* : ici, sens laudatif; vertueuse.
3. *consommée* : parfaite, accomplie
4. *zèle* : dévotion, piété (langue religieuse).

CÉLIMÈNE

Oui, oui, franche grimace[•] :

855 Dans l'âme elle est du monde[1], et ses soins tentent tout
Pour accrocher quelqu'un, sans en venir à bout.
Elle ne saurait voir qu'avec un œil d'envie
Les amants[•] déclarés dont une autre est suivie ;
Et son triste mérite[2], abandonné de tous,
860 Contre le siècle[3] aveugle[4] est toujours en courroux.
Elle tâche à couvrir d'un faux voile de prude
Ce que chez elle on voit d'affreuse solitude ;
Et pour sauver l'honneur de ses faibles appas[•],
Elle attache du crime au pouvoir qu'ils n'ont pas.
865 Cependant un amant[•] plairait fort à la dame,
Et même pour Alceste elle a tendresse d'âme.
Ce qu'il me rend de soins[5] outrage ses attraits,
Elle veut que ce soit un vol que je lui fais ;
Et son jaloux dépit, qu'avec peine elle cache,
870 En tous endroits, sous main[6], contre moi se détache[7].
Enfin je n'ai rien vu de si sot à mon gré,
Elle est impertinente au suprême degré,
Et...

---

1. *monde* : la vie profane, par opposition à l'univers religieux.
2. *mérite* : qualités, charmes, agréments.
3. *siècle* : les gens du monde (la ville et la cour).
4. *aveugle* : qui ne voit pas ses mérites.
5. *soins* : attentions amoureuses ; *rendre des soins* : faire la cour.
6. *sous main* : en se dissimulant.
7. *se détache* : se déchaîne.

Compréhension

• Les personnages

1. Un portrait, «*la prude consommée*». Goûtez la saveur des rimes. Le portrait complète la collection de la scène 4 de l'acte II. Comment est-il composé? La technique diffère-t-elle?

2. Comment expliquez-vous la férocité du peintre Célimène? Et dans quelle mesure ce portrait est-il, indirectement, celui de la coquette Célimène?

3. Comment, en fin de compte, imaginez-vous Arsinoé (lire les scènes suivantes)? Parleriez-vous d'un «faux-monnayeur», comme un critique : «Elle ne cesse de tricher. Célimène ne triche pas»? Est-ce une vieille fille verdâtre et acariâtre?

4. «*Contre le siècle aveugle est toujours en courroux*» (v. 860). Portrait d'Arsinoé? Mais portrait aussi d'Alceste? Dans ce monde euphorique du salon, qu'est-ce qui rapproche les deux figures (voyez le portrait d'Alceste, II, 4, v. 669-680)?

• Les circonstances

5. Arsinoé arrive tard dans la pièce. Comment expliquez-vous son apparition après tous les autres? Quelle place vient-elle prendre dans la constellation des personnages?

SCÈNE 4. Arsinoé, Célimène

CÉLIMÈNE

Ah! quel heureux sort en ce lieu vous amène?
Madame, sans mentir, j'étais de vous en peine.

ARSINOÉ

875 Je viens pour quelque avis que j'ai cru vous devoir.

CÉLIMÈNE

Ah, mon Dieu! que je suis contente de vous voir!

ARSINOÉ

Leur départ ne pouvait plus à propos se faire.

CÉLIMÈNE

Voulons-nous nous asseoir?

ARSINOÉ

            Il n'est pas nécessaire,
Madame. L'amitié doit surtout éclater
880 Aux choses qui le plus nous peuvent importer;
Et comme il n'en est point de plus grande importance
Que celles de l'honneur et de la bienséance,
Je viens, par un avis qui touche votre honneur,
Témoigner l'amitié que pour vous a mon cœur.
885 Hier[1] j'étais chez des gens de vertu singulière[2],
Où sur vous du discours on tourna la matière;
Et là, votre conduite, avec ses grands éclats[3],
Madame, eut le malheur qu'on ne la loua pas.
Cette foule de gens dont vous souffrez visite,
890 Votre galanterie•, et les bruits qu'elle excite
Trouvèrent des censeurs plus qu'il n'aurait fallu,
Et bien plus rigoureux que je n'eusse voulu.
Vous pouvez bien penser quel parti je sus prendre:
Je fis ce que je pus pour vous pouvoir défendre,

---

1. *hier* : ce mot est souvent monosyllabique dans la poésie classique.
2. *singulière* : exceptionnelle.
3. *éclats* : scandales.

895 Je vous excusai fort sur votre intention,
Et voulus de votre âme être la caution[1].
Mais vous savez qu'il est des choses dans la vie
Qu'on ne peut excuser, quoiqu'on en ait envie ;
Et je me vis contrainte à demeurer d'accord
900 Que l'air dont vous viviez vous faisait un peu tort,
Qu'il prenait dans le monde une méchante• face,
Qu'il n'est conte fâcheux que partout on n'en fasse,
Et que, si vous vouliez, tous vos déportements[2]
Pourraient moins donner prise aux mauvais jugements.
905 Non que j'y croie, au fond, l'honnêteté blessée :
Me préserve le Ciel d'en avoir la pensée !
Mais aux ombres[3] du crime[4] on prête aisément foi,
Et ce n'est pas assez de bien vivre pour soi.
Madame, je vous crois l'âme trop raisonnable,
910 Pour ne pas prendre bien cet avis profitable,
Et pour l'attribuer qu'[5]aux mouvements[6] secrets
D'un zèle qui m'attache à tous vos intérêts.

CÉLIMÈNE

Madame, j'ai beaucoup de grâces• à vous rendre :
Un tel avis m'oblige[7], et loin de le mal prendre,
915 J'en prétends reconnaître à l'instant la faveur,
Par un avis aussi qui touche votre honneur ;
Et comme je vous vois vous montrer mon amie
En m'apprenant les bruits que de[8] moi l'on publie,
Je veux suivre, à mon tour, un exemple si doux,
920 En vous avertissant de ce qu'on dit de vous.
En un lieu, l'autre jour, où je faisais visite,
Je trouvai quelques gens d'un très rare mérite,

---

1. *caution* : garantie.
2. *déportements* : « conduite et manière de vivre » (*Dictionnaire* de Furetière, 1690) ;
souvent pris en mauvaise part.
3. *ombres* : apparences (comme au v. 929).
4. *crime* : péché.
5. *qu'* : à autre chose que (ellipse).
6. *mouvements* : impulsions.
7. *oblige* : est utile et agréable.
8. *de* : au sujet de.

Qui, parlant des vrais soins[1] d'une âme qui vit bien[2],
Firent tomber sur vous, madame, l'entretien.
925 Là, votre pruderie[3] et vos éclats de zèle[4]
Ne furent pas cités comme un fort bon modèle :
Cette affectation[5] d'un grave extérieur,
Vos discours éternels de sagesse et d'[6]honneur,
Vos mines et vos cris aux ombres d'indécence
930 Que d'un mot ambigu[7] peut avoir l'innocence,
Cette hauteur d'estime où vous êtes de vous,
Et ces yeux de pitié que vous jetez sur tous,
Vos fréquentes leçons, et vos aigres censures
Sur des choses qui sont innocentes et pures,
935 Tout cela, si je puis vous parler franchement,
Madame, fut blâmé d'un commun sentiment.
À quoi bon, disaient-ils, cette mine modeste,
Et ce sage dehors que dément tout le reste ?
Elle est à bien prier exacte au dernier point ;
940 Mais elle bat ses gens[8], et ne les paye point.
Dans tous les lieux dévots elle étale un grand zèle ;
Mais elle met du blanc et veut paraître belle.
Elle fait des tableaux couvrir les nudités ;
Mais elle a de l'amour pour les réalités.
945 Pour moi, contre chacun je pris votre défense,
Et leur assurai fort que c'était médisance ;
Mais tous les sentiments combattirent le mien ;
Et leur conclusion fut que vous feriez bien
De prendre moins de soin[9] des actions des autres,
950 Et de vous mettre un peu plus en peine des vôtres ;
Qu'on doit se regarder soi-même un fort long temps,
Avant que de songer à condamner les gens ;

1. *soins* : préoccupations.
2. *bien* : vertueusement.
3. *pruderie* : sagesse, vertu.
4. *zèle* : dévotion, cf. v. 854.
5. *affectation* : application. Le sens actuel existe aussi au XVIIe siècle.
6. *de, d'* : au sujet de.
7. *ambigu* : qu'on peut comprendre en plusieurs sens.
8. *ses gens* : ses domestiques.
9. *soin* : souci, inquiétude.

Qu'il faut mettre le poids d'une vie exemplaire
Dans les corrections qu'aux autres on veut faire ;
955 Et qu'encor vaut-il mieux s'en remettre, au besoin,
À ceux à qui le Ciel en a commis le soin.
Madame, je vous crois aussi trop raisonnable,
Pour ne pas prendre bien cet avis profitable,
Et pour l'attribuer qu'aux mouvements secrets
960 D'un zèle qui m'attache à tous vos intérêts.

ARSINOÉ

À quoi qu'en reprenant[1] on soit assujettie[2],
Je ne m'attendais pas à cette repartie,
Madame, et je vois bien, par ce qu'elle a d'aigreur,
Que mon sincère avis vous a blessée au cœur.

CÉLIMÈNE

965 Au contraire, madame ; et si l'on était sage,
Ces avis mutuels seraient mis en usage :
On détruirait par là, traitant de bonne foi,
Ce grand aveuglement où chacun est pour soi.
Il ne tiendra qu'à vous qu'avec le même zèle
970 Nous ne continuions cet office fidèle,
Et ne prenions grand soin de nous dire, entre nous,
Ce que nous entendrons, vous de moi, moi de vous.

ARSINOÉ

Ah ! madame, de vous je ne puis rien entendre :
C'est en moi que l'on peut trouver fort à reprendre.

CÉLIMÈNE

975 Madame, on peut, je crois, louer et blâmer tout,
Et chacun a raison suivant l'âge ou le goût.
Il est une saison pour la galanterie ;
Il en est une aussi propre à la pruderie.
On peut, par politique[3], en prendre le parti,
980 Quand de nos jeunes ans l'éclat est amorti :

---

1. *en reprenant* : quand on fait des observations.
2. *assujettie* : exposée.
3. *politique* : calcul.

Cela sert à couvrir de fâcheuses disgrâces.
Je ne dis pas qu'un jour je ne suive vos traces :
L'âge amènera tout, et ce n'est pas le temps,
Madame, comme on sait, d'être prude à vingt ans.

ARSINOÉ

985 Certes, vous vous targuez d'un bien faible avantage,
Et vous faites sonner terriblement votre âge.
Ce que de plus que vous on en pourrait avoir
N'est pas un si grand cas pour s'en tant prévaloir ;
Et je ne sais pourquoi votre âme ainsi s'emporte,
990 Madame, à me pousser[1] de cette étrange sorte.

CÉLIMÈNE

Et moi, je ne sais pas, madame, aussi[2] pourquoi
On vous voit, en tous lieux, vous déchaîner sur moi.
Faut-il de vos chagrins• sans cesse à moi vous prendre ?
Et puis-je mais[3] des soins qu'on ne va pas vous rendre ?
995 Si ma personne aux gens inspire de l'amour,
Et si l'on continue à m'offrir chaque jour
Des vœux que votre cœur peut souhaiter qu'on m'ôte,
Je n'y saurais que faire, et ce n'est pas ma faute :
Vous avez le champ libre, et je n'empêche pas
1000 Que pour les attirer vous n'ayez des appas•.

ARSINOÉ

Hélas ! et croyez-vous que l'on[4] se mette en peine
De ce nombre d'amants• dont vous faites la vaine,
Et qu'il ne nous soit pas fort aisé de juger
À quel prix aujourd'hui l'on peut les engager[5] ?
1005 Pensez-vous faire croire, à voir comme tout roule,
Que votre seul mérite attire cette foule ?
Qu'ils ne brûlent pour vous que d'un honnête amour,
Et que pour vos vertus ils vous font tous la cour ?

---

1. *pousser* : attaquer, cf. v. 682.
2. *aussi* : non plus.
3. *puis-je mais* : suis-je responsable.
4. *l'on* : je.
5. *engager* : attacher.

On ne s'aveugle point par de vaines défaites[1],
1010 Le monde n'est pas dupe ; et j'en vois qui sont faites
À[2] pouvoir inspirer de tendres sentiments,
Qui chez elles pourtant ne fixent point d'amants ;
Et de là nous pouvons tirer des conséquences,
Qu'on n'acquiert point leurs cœurs sans de grandes
[avances,
1015 Qu'aucun pour nos beaux yeux n'est notre soupirant.
Et qu'il faut acheter tous les soins qu'on nous rend.
Ne vous enflez donc point d'une si grande gloire[3]
Pour les petits brillants d'une faible victoire ;
Et corrigez un peu l'orgueil de vos appas•,
1020 De[4] traiter pour cela les gens de haut en bas.
Si nos yeux enviaient les conquêtes des vôtres,
Je pense qu'on[5] pourrait faire comme les autres,
Ne se point ménager[6], et vous faire bien voir
Que l'on a des amants• quand on en veut avoir.

CÉLIMÈNE
1025 Ayez-en donc, madame, et voyons cette affaire :
Par ce rare secret efforcez-vous de plaire ;
Et sans...

ARSINOÉ
                    Brisons, madame, un pareil entretien :
Il pousserait trop loin votre esprit et le mien ;
Et j'aurais pris déjà le congé qu'il faut prendre,
1030 Si mon carrosse encor ne m'obligeait d'attendre.

CÉLIMÈNE
Autant qu'il vous plaira vous pouvez arrêter[7],

---

1. *défaites* : prétextes, mauvaises excuses.
2. *à* : de manière à.
3. *gloire* : «orgueil, présomption, bonne opinion qu'on a de soi-même» (*Dictionnaire* de Furetière, 1690).
4. *de* : («l'orgueil de vos appas») qui consiste à traiter, ou bien : détournez votre orgueil de traiter.
5. *on* : je.
6. *ne se point ménager* : abandonner toute retenue.
7. *arrêter* : demeurer, rester ici.

Madame, et là-dessus rien ne doit vous hâter ;
Mais, sans vous fatiguer de ma cérémonie[1],
Je m'en vais vous donner meilleure compagnie ;
1035 Et monsieur, qu'à propos le hasard fait venir,
Remplira mieux ma place à vous entretenir.
Alceste, il faut que j'aille écrire un mot de lettre,
Que, sans me faire tort, je ne saurais remettre[2],
Soyez avec madame : elle aura la bonté
1040 D'excuser aisément mon incivilité.

1. *cérémonie* : marques de politesse (dont la conversation).
2. *remettre* : différer.

Compréhension

• Les personnages

1. *Quels motifs ont donc poussé Arsinoé à venir ? Faire la leçon à Célimène ? Lui arracher Alceste ? Est-elle la réplique féminine de Tartuffe, avec son arôme de fausse dévotion ?*

• La signification

2. *Chacune des deux femmes fait référence à un cercle où l'on cause. Quels aperçus sociologiques et moraux offrent-ils ? Sont-ils des lieux de référence morale ? Des lieux d'analyse ? Des groupes de pression ?*

Écriture

3. *Mettez en regard les deux tirades initiales, et relevez les reprises et variantes du discours d'Arsinoé chez Célimène. Comment appelle-t-on les formes d'imitation plus ou moins moqueuses des propos d'autrui ?*

4. *Réécriture : soit un passage d'un discours pris dans l'actualité. Réécrivez-le de façon de plus en plus décalée.*

5. *Relevez les différences de temps dans l'ensemble de la scène, dans chaque tirade, ou dans les échanges de moindre durée (v. 961-1000), et dans la dernière tirade d'Arsinoé (v. 1001-1024) ?*

Mise en scène

6. *S'asseoir ou non ? Sur quel ton Célimène accueille-t-elle son «amie» ? Faut-il comprendre le vers 876 exactement à l'envers (antiphrase) ? N'est-ce pas, après tout, un échantillon des exigences de la politesse la plus raffinée ? Pourquoi Arsinoé refuse-t-elle un siège ? Quels jeux permet la position assise de Célimène ?*

7. *Tour à tour réduites à entendre leur portrait au vitriol, quels visages les deux femmes offrent-elles ? Iriez-vous, comme le metteur en scène C. Rist (Théâtre de l'Athénée, automne 1991), les placer au premier plan, se tenant par les mains durant ces perfides tirades ?*

8. *La mise en scène doit-elle se régler sur les échos et reprises, nombreux, que les tirades présentent entre elles ? Célimène mimera-t-elle, avec discrétion, les intonations d'Arsinoé ?*

SCÈNE 5. ALCESTE, ARSINOÉ

ARSINOÉ

Vous voyez, elle veut que je vous entretienne,
Attendant[1] un moment que mon carrosse vienne ;
Et jamais tous ses soins ne pouvaient m'offrir rien
Qui me fût plus charmant qu'un pareil entretien.
1045 En vérité, les gens d'un mérite sublime
Entraînent de chacun et l'amour et l'estime ;
Et le vôtre, sans doute•, a des charmes[2] secrets
Qui font entrer mon cœur dans tous vos intérêts.
Je voudrais que la cour, par un regard propice,
1050 À ce que vous valez rendît plus de justice :
Vous avez à vous plaindre, et je suis en courroux,
Quand je vois chaque jour qu'on ne fait rien pour vous.

ALCESTE

Moi, madame ! Et sur quoi pourrais-je en rien pré-
[tendre ?
Quel service à l'État est-ce qu'on m'a vu rendre ?
1055 Qu'ai-je fait, s'il vous plaît, de si brillant de soi,
Pour me plaindre à la cour qu'on ne fait rien pour moi ?

ARSINOÉ

Tous ceux sur qui la cour jette des yeux propices,
N'ont pas toujours rendu de ces fameux services.
Il faut l'occasion, ainsi que le pouvoir[3],
1060 Et le mérite enfin que vous nous faites voir
Devrait...

ALCESTE

Mon Dieu ! laissons mon mérite, de grâce ;
De quoi voulez-vous là que la cour s'embarrasse ?
Elle aurait fort à faire, et ses soins seraient grands
D'avoir à déterrer le mérite des gens.

---

1. *attendant* : en attendant (pendant que j'attends).
2. *charmes* : pouvoir magique.
3. *le pouvoir* : les moyens.

ARSINOÉ

1065 Un mérite éclatant se déterre lui-même :
Du vôtre, en bien des lieux, on fait un cas extrême ;
Et vous saurez de moi qu'en deux fort bons endroits
Vous fûtes hier[1] loué par des gens d'un grand poids.

ALCESTE

Eh ! madame, l'on loue aujourd'hui tout le monde.
1070 Et le siècle par là n'a rien qu'on ne confonde :
Tout[2] est d'un grand mérite également doué,
Ce n'est plus un honneur que de se voir loué ;
D'éloges on regorge, à la tête on les jette,
Et mon valet de chambre est mis dans la Gazette[3].

ARSINOÉ

1075 Pour moi, je voudrais bien que, pour vous montrer
[mieux,
Une charge à la cour vous pût frapper les yeux.
Pour peu que d'y songer vous nous fassiez les mines[4],
On peut pour vous servir remuer des machines[5],
Et j'ai des gens en main que j'emploierai pour vous,
1080 Qui vous feront à tout un chemin assez doux.

ALCESTE

Et que voudriez-vous, madame, que j'y[6] fisse ?
L'humeur• dont je me sens veut que je m'en[7] bannisse.
Le Ciel ne m'a point fait, en me donnant le jour,
Une âme compatible avec l'air de la cour ;
1085 Je ne me trouve point les vertus nécessaires
Pour y bien réussir et faire mes affaires.
Être franc et sincère est mon plus grand talent ;

---

1. *hier* : se prononce en une syllabe (synérèse).
2. *tout* : tout le monde.
3. *la Gazette* : « La Gazette de France », hebdomadaire fondé en 1631 par Théophraste Renaudot.
4. *fassiez les mines* : fassiez mine, montriez l'intention.
5. *machines* : « artifices dont on use pour avancer le succès d'une affaire » (*Dictionnaire* de Furetière, 1690).
6. *y* : à la cour.
7. *en* : de la cour.

Je ne sais point jouer[1] les hommes en parlant[2] ;
Et qui n'a pas le don de cacher ce qu'il pense
1090 Doit faire en ce pays[3] fort peu de résidence.
Hors de la cour, sans doute, on n'a pas cet appui
Et ces titres d'honneur qu'elle donne aujourd'hui ;
Mais on n'a pas aussi[4], perdant[5] ces avantages,
Le chagrin• de jouer de fort sots personnages :
1095 On n'a point à souffrir• mille rebuts[6] cruels,
On n'a point à louer les vers de messieurs tels[7],
À donner de l'encens à madame une telle,
Et de nos francs[8] marquis essuyer la cervelle[9].

ARSINOÉ

Laissons, puisqu'il[10] vous plaît, ce chapitre de cour[11] ;
1100 Mais il faut que mon cœur vous plaigne en votre amour ;
Et pour vous découvrir là-dessus mes pensées,
Je souhaiterais fort vos ardeurs mieux placées.
Vous méritez, sans doute, un sort beaucoup plus doux,
Et celle qui vous charme est indigne de vous.

ALCESTE

1105 Mais, en disant cela, songez-vous, je vous prie,
Que cette personne est, madame, votre amie ?

ARSINOÉ

Oui ; mais ma conscience est blessée en effet[12]
De souffrir• plus longtemps le tort que l'on vous fait ;
L'état où je vous vois afflige trop mon âme,

---

1. *jouer* : duper.
2. *en parlant* : par des paroles.
3. *ce pays* : la cour.
4. *aussi* : non plus.
5. *perdant* : en perdant.
6. *rebuts* : refus, rebuffades, cf. v. 834.
7. *messieurs tels* : pluriel de «monsieur un tel».
8. *francs* : marquis tout ce qu'il y a de plus marquis.
9. *essuyer la cervelle* : supporter la sottise.
10. *il* : cela.
11. *de cour* : de la cour.
12. *en effet* : en réalité, cf. v. 827.

1110 Et je vous donne avis qu'on[1] trahit votre flamme.

ALCESTE

C'est me montrer, madame, un tendre mouvement,
Et de pareils avis obligent[2] un amant• !

ARSINOÉ

Oui, toute mon amie, elle est et je la nomme
Indigne d'asservir le cœur d'un galant homme• ;
1115 Et le sien n'a pour vous que de feintes douceurs.

ALCESTE

Cela se peut, madame : on ne voit pas les cœurs ;
Mais votre charité se serait bien passée[3]
De jeter dans le mien une telle pensée.

ARSINOÉ

Si vous ne voulez pas être désabusé,
1120 Il faut ne vous rien dire, il est assez aisé.

ALCESTE

Non ; mais sur ce sujet quoi que l'on nous expose,
Les doutes sont fâcheux plus que toute autre chose ;
Et je voudrais, pour moi, qu'on ne me fît savoir
Que ce qu'avec clarté l'on peut me faire voir.

ARSINOÉ

1125 Hé bien ! c'est assez dit ; et sur cette manière
Vous allez recevoir une pleine lumière.
Oui, je veux que de tout vos yeux vous fassent foi :
Donnez-moi seulement la main jusque chez moi ;
Là je vous ferai voir une preuve fidèle
1130 De l'infidélité du cœur de votre belle ;
Et si pour d'autres yeux le vôtre peut brûler,
On pourra vous offrir de quoi vous consoler.

---

1. *on* : Célimène.
2. *obligent* : lient (par le service rendu).
3. *se serait bien passée* : aurait dû s'abstenir.

Questions

Compréhension

• **Les personnages**

1. *En voyant ces deux personnages pour la première fois ensemble, qu'est-ce que le spectateur voit aussi de commun entre eux, d'après ce qu'il sait et ce qu'il a vu d'eux ?*

2. *«Les gens d'un mérite sublime» : l'air que chante Arsinoé a déjà été entendu dans la bouche d'Oronte. Comparez ce début de scène (v. 1045-1080) avec le début de la scène 2 de l'acte I (v. 253-295) : discours de louange, protestations d'Alceste. Sur ce canevas commun, quelles différences apparaissent dans les buts visés par Oronte et Arsinoé ?*

• **La signification**

3. *«Mérite», «du mérite» : Arsinoé décline irrésistiblement le mot, mais Alceste n'arrive pas à enfermer ce diablotin dans sa boîte. Donnent-ils le même sens à ce mot, véritable mot pivot de la pièce et du langage social ?*

4. *Un «chapitre de cour» (v. 1099). Arsinoé cherche à attirer Alceste sur le terrain politique. Chacune de ses interventions est comme une photo de la cour. Classez ces photos par centre d'intérêt. Au total, quelle image de la cour donnent-elles (voir en particulier les vers 1078-1080, lourds de sous-entendus sur les coulisses du pouvoir).*

5. *Où est Molière ? Parle-t-il de la cour avec Arsinoé ? Avec Alceste ? Ou bien les témoignages de l'un et de l'autre personnage sont-ils suspects d'aigreur ? N'oubliez pas que la pièce fut jouée en 1666, dans un contexte politique encore marqué par le procès et la condamnation de Foucquet (1664), et le début de l'action de Colbert.*

6. *La critique de la cour (v. 1085-1098) : Alceste anticipe La Fontaine, Fables, et La Bruyère, Les Caractères, VIII.*

• **Les circonstances**

7. *Symétrie. Sur quel pacte s'était achevée la première scène de l'acte, entre les marquis ? Visiblement, Molière a construit une symétrie entre les deux scènes : précisez leur convergence pour l'action.*

Bilan

L'action

• Ce que nous savons

Deux absents en cet acte III : Éliante et Philinte, éléments modérateurs. En leur absence, des menaces se sont élevées : c'est le pacte, en forme de jeu, des marquis, devenus cependant rivaux et engagés dans une enquête visant Célimène ; c'est le pacte proposé par Arsinoé. Autant d'éléments qui échappent au contrôle de Célimène.

• À quoi faut-il nous attendre ?

L'accélération dramatique est certaine. Le temps des conversations qui n'engageaient pas vraiment (sauf Alceste) est passé ; comme est passée l'unanimité du salon, qui n'était sans doute qu'un malentendu. Célimène pourra-t-elle éluder tout choix ? Qui sera auprès d'elle ? Alceste, qui avouait sa faiblesse, pourra-t-il encore en faire un alibi pour ne pas rompre ? D'un autre côté, où en est le procès, et Oronte ?

Les personnages

• Ce que nous savons

Que fait apparaître la succession des scènes ? La violence de ce monde très policé : Célimène avait la dent dure, on le savait, mais quelle férocité face à Arsinoé ! Et quelle aigreur chez celle-ci ! La scène 4 a fait sentir aussi tout le poids des cercles où l'on jauge la conduite du prochain, le poids d'une opinion toujours très vite informée, terrible tribunal... Les personnages du Misanthrope sont partie prenante et jouets d'une société qui, d'ailleurs, n'est pas homogène, malgré un art de se conduire partagé, la politesse. Alceste, qui n'attendait qu'un mot de Célimène, confirme ici combien il a de soupçons et, rétrospectivement, quel enfer est pour lui la relation avec la coquette.

• À quoi faut-il nous attendre ?

À des révélations qui modifieraient radicalement l'image de Célimène coquette, mais sans compromission ? Serait-elle indigne d'Alceste, dont le choix serait encore plus étrange ? Molière est bien forcé d'apporter un élément neuf pour faire avancer l'action. Or Alceste ne peut changer ; c'est du côté de Célimène que doit intervenir du nouveau.

ACTE IV

SCÈNE 1. ÉLIANTE, PHILINTE

PHILINTE

Non, l'on n'a point vu d'âme à manier[1] si dure,
Ni d'accommodement plus pénible à conclure :
1135 En vain de tous côtés on l'a voulu tourner,
Hors de son sentiment on n'a pu l'entraîner ;
Et jamais différend si bizarre, je pense,
N'avait de ces messieurs[2] occupé la prudence[3].
« Non, messieurs, disait-il, je ne me dédis point,
1140 Et tomberai d'accord de tout, hors[4] de ce point.
De quoi s'offense-t-il[5] ? et que veut-il me dire ?
Y va-t-il de sa gloire[6] à ne pas bien écrire ?
Que lui fait mon avis, qu'il a pris de travers[7] ?
On peut être honnête homme• et faire mal des vers :
1145 Ce n'est point à l'honneur que touchent ces matières ;
Je le tiens[8] galant homme• en[9] toutes les manières,
Homme de qualité[10], de mérite et de cœur[11],
Tout ce qu'il vous plaira, mais fort méchant• auteur.
Je louerai, si l'on veut, son train[12] et sa dépense,
1150 Son adresse à cheval, aux armes, à la danse ;
Mais pour louer ses vers, je suis son serviteur[13] ;
Et lorsque d'en mieux faire on n'a pas le bonheur,

---

1. *manier* : diriger, persuader (se dit d'un cheval qu'on dresse ou qu'on exerce au manège).
2. *ces messieurs* : les Maréchaux.
3. *prudence* : sagesse, conduite raisonnable.
4. *hors* : sauf.
5. *il* : Oronte.
6. *gloire* : honneur.
7. *de travers* : avec mauvaise humeur.
8. *tiens* : regarde comme.
9. *en* : de.
10. *qualité* : noblesse de naissance.
11. *de cœur* : courageux.
12. *train* : train de vie (domesticité, luxe, manière de vivre).
13. *je suis son serviteur* : je le lui refuse.

On ne doit de rimer avoir aucune envie,
Qu'on n'y soit condamné sur peine de la vie. »
1155 Enfin toute la grâce et l'accommodement
Où s'est, avec effort, plié son sentiment,
C'est de dire, croyant adoucir bien son style :
« Monsieur, je suis fâché d'être si difficile,
Et pour l'amour de vous, je voudrais, de bon cœur,
1160 Avoir trouvé tantôt votre sonnet meilleur. »
Et dans une embrassade•, on leur a, pour conclure,
Fait vite envelopper[1] toute la procédure.

ÉLIANTE

Dans ses façons d'agir, il est fort singulier[2] ;
Mais j'en fais, je l'avoue, un cas particulier,
1165 Et la sincérité dont son âme se pique[3]
A quelque chose, en soi, de noble et d'héroïque.
C'est une vertu rare au siècle d'aujourd'hui,
Et je la voudrais voir partout comme chez lui.

PHILINTE

Pour moi, plus je le vois, plus surtout je m'étonne
1170 De cette passion où son cœur s'abandonne :
De l'humeur• dont le Ciel a voulu le former,
Je ne sais pas comment il s'avise d'aimer ;
Et je sais moins encor comment votre cousine
Peut être la personne où son penchant l'incline.

ÉLIANTE

1175 Cela fait assez voir que l'amour, dans les cœurs,
N'est pas toujours produit par un rapport d'humeurs[4] ;
Et toutes ces[5] raisons de douces sympathies[6]
Dans cet exemple-ci se trouvent démenties.

---

1. *envelopper* : achever, conclure.
2. *singulier* : unique en son genre.
3. *se pique* : a la prétention de, se flatte de. « Le vrai honnête homme est celui qui ne se pique de rien. » (La Rochefoucauld, *Maximes*, 203.)
4. *un rapport d'humeurs* : une conformité de caractères.
5. *ces* : dont on parle tant.
6. *sympathies* (le mot était à la mode) : « convenance ou conformité de qualités naturelles » (*Dictionnaire* de Furetière, 1690).

PHILINTE

Mais croyez-vous qu'on[1] l'aime, aux choses[2] qu'on[3] peut
[voir ?

ÉLIANTE

1180 C'est un point qu'il n'est pas fort aisé de savoir.
Comment pouvoir juger s'il est vrai qu'elle l'aime ?
Son cœur de ce qu'il sent n'est pas bien sûr lui-même ;
Il aime quelquefois sans qu'il le sache bien,
Et croit aimer aussi parfois qu'il n'en est rien.

PHILINTE

1185 Je crois que notre ami, près de cette cousine,
Trouvera des chagrins• plus qu'il ne s'imagine ;
Et s'il avait mon cœur, à dire vérité,
Il tournerait ses vœux tout d'un autre[4] côté,
Et par un choix plus juste, on le verrait, madame,
1190 Profiter des bontés que lui montre votre âme.

ÉLIANTE

Pour moi, je n'en[5] fais point de façons, et je croi[6]
Qu'on doit, sur de tels points, être de bonne foi :
Je ne m'oppose point à toute sa tendresse[7] ;
Au contraire, mon cœur pour elle s'intéresse ;
1195 Et si c'était qu'à moi la chose pût tenir,
Moi-même à ce qu'il aime on me verrait l'unir.
Mais si dans un tel choix[8], comme tout se peut faire,
Son amour éprouvait quelque destin contraire,
S'il fallait que d'un autre on[9] couronnât les feux[10],
1200 Je pourrais me résoudre à recevoir ses vœux ;

---

1. *on* : Célimène.
2. *aux choses* : d'après la conduite et les paroles (de Célimène).
3. *on peut voir* : nous pouvons voir.
4. *tout d'un autre* : d'un tout autre (tout = totalement).
5. *en* : sur ce point.
6. *croi* : orthographe étymologique, pour la rime.
7. *sa tendresse* : l'amour d'Alceste pour Célimène.
8. *un tel choix* : celui de Célimène par Alceste.
9. *on* : Célimène.
10. *couronnât les feux* : épousât.

Et le refus souffert•, en pareille occurrence,
Ne m'y¹ ferait trouver aucune répugnance.

PHILINTE

Et moi, de mon côté, je ne m'oppose pas,
Madame, à ces bontés qu'ont pour lui vos appas• ;
1205 Et lui-même, s'il veut, il peut bien vous instruire
De ce que là-dessus j'ai pris soin de lui dire.
Mais si, par un hymen qui les joindrait eux deux,
Vous étiez hors d'état de recevoir ses vœux,
Tous les miens tenteraient la faveur éclatante
1210 Qu'avec tant de bonté votre âme lui présente :
Heureux si, quand son cœur s'y pourra dérober,
Elle pouvait sur moi, madame, retomber.

ÉLIANTE

Vous vous divertissez, Philinte.

PHILINTE

                              Non, madame,
Et je vous parle ici du meilleur de mon âme.
1215 J'attends l'occasion de m'offrir hautement²
Et de tous mes souhaits j'en presse le moment.

---

1. *y* : «à recevoir ses vœux» (v. 1200).
2. *hautement* : résolument, franchement, ouvertement.

Questions

Compréhension

• **Les personnages**

1. Éliante. Le spectateur l'avait vue, mais rapidement, dans une ingénieuse tirade (II, 4, v. 711-730); elle rompait d'ailleurs avec l'esprit de médisance du salon. On découvre mieux ici ce personnage : précisez ses caractéristiques. Diriez-vous qu'Éliante, comme Philinte, offre l'«image d'un monde sans chaleur, sans passion»?

2. Alceste. «Quelque chose, en soi, de noble et d'héroïque» (v. 1166)? Son jugement sur Alceste vous paraît-il exact? Éliante serait-elle aveuglée, elle aussi, par l'amour?

3. Éliante et Alceste. «Je pourrais me résoudre à recevoir ses vœux» (v. 1200) : Est-ce là le langage d'un cœur épris? Faut-il faire la part du discours amoureux de l'époque?

• **Les circonstances**

4. Une nouvelle scène d'exposition? Au lever du rideau, Philinte et Éliante s'entretiennent du personnage principal. Apprenons-nous quoi que ce soit de nouveau sur Alceste?

5. La ou les fonctions de cette scène?

6. Le récit de Philinte (v. 1133-1162) : pourquoi Molière l'a-t-il fait si long? À qui est-il adressé en priorité : aux spectateurs? À Éliante? Qu'a d'étrange pour nous la scène racontée par Philinte?

• **La signification**

7. «Noble», «héroïque» : dans *Le Misanthrope* tous les personnages s'affrontent sur les mots. Ces deux termes appliqués à la sincérité d'Alceste, les autres personnages peuvent-ils les comprendre?

Écriture

8. Le goût, voire la passion de l'analyse morale et psychologique marque l'ensemble de la pièce. Relevez-en ici les traces.

9. Éliante, Philinte, fine fleur de la sociabilité. Analysez leur langage (v. 1163-1168, 1175-1178, 1179, 1192-1200, 1203-1212) : vocabulaire abstrait, usage intense des pronoms de rappel, formules d'atténuation.

SCÈNE 2. ALCESTE, ÉLIANTE, PHILINTE

ALCESTE

    Ah! faites-moi raison[1], madame, d'une offense
    Qui vient de triompher de toute ma constance.

ÉLIANTE

    Qu'est-ce donc? Qu'avez-vous qui vous puisse émou-
                           [voir?

ALCESTE

1220 J'ai ce que sans mourir je ne puis concevoir;
    Et le déchaînement de toute la nature
    Ne m'accablerait pas comme cette aventure.
    C'en est fait... Mon amour... Je ne saurais parler.

ÉLIANTE

    Que votre esprit un peu tâche à se rappeler[2].

ALCESTE

1225 Ô juste Ciel! faut-il qu'on joigne à tant de grâces
    Les vices odieux des âmes les plus basses?

ÉLIANTE

    Mais encor qui vous peut...?

ALCESTE

                    Ah! tout est ruiné;
    Je suis, je suis trahi, je suis assassiné:
    Célimène... Eût-on pu croire cette nouvelle?
1230 Célimène me trompe et n'est qu'une infidèle.

ÉLIANTE

    Avez-vous, pour le croire, un juste fondement?

PHILINTE

    Peut-être est-ce un soupçon conçu légèrement,

---

1. *faites-moi raison* : vengez-moi.
2. *se rappeler* : revenir à lui.

Et votre esprit jaloux prend parfois des chimères...

ALCESTE

Ah, morbleu•! mêlez-vous, monsieur, de vos affaires.
1235 C'est de sa trahison n'être que trop certain,
Que l'avoir, dans ma poche, écrite de sa main.
Oui, madame, une lettre écrite pour Oronte
A produit à mes yeux ma disgrâce et sa[1] honte :
Oronte, dont j'ai cru qu'elle fuyait les soins,
1240 Et que de mes rivaux je redoutais le moins.

PHILINTE

Une lettre peut bien tromper par l'apparence,
Et n'est pas quelquefois si coupable qu'on pense.

ALCESTE

Monsieur, encore un coup[2], laissez-moi, s'il vous plaît,
Et ne prenez souci que de votre intérêt.

ÉLIANTE

1245 Vous devez modérer vos transports•, et l'outrage...

ALCESTE

Madame, c'est à vous qu'appartient cet ouvrage[3] ;
C'est à vous que mon cœur a recours aujourd'hui
Pour pouvoir s'affranchir de son cuisant ennui•.
Vengez-moi d'une ingrate et perfide parente[4],
1250 Qui trahit lâchement une ardeur[5] si constante ;
Vengez-moi de ce trait[6] qui doit vous faire horreur.

ÉLIANTE

Moi, vous venger ! Comment ?

---

1. *sa (honte)* : celle de Célimène.
2. *encore un coup* : encore une fois (style soutenu).
3. *ouvrage* : celui de «modérer (mes) transports».
4. *parente* : Célimène, cousine d'Éliante.
5. *une ardeur* : mon amour.
6. *trait* : mauvaise action.

ALCESTE

En recevant mon cœur.

Acceptez-le, madame, au lieu de l'infidèle :
C'est par là que je puis prendre vengeance d'elle ;
1255 Et je la veux punir par les sincères vœux,
Par le profond amour, les soins respectueux,
Les devoirs[1] empressés et l'assidu service
Dont ce cœur va vous faire un ardent sacrifice.

ÉLIANTE

Je compatis, sans doute•, à ce que vous souffrez•,
1260 Et ne méprise point le cœur que vous m'offrez ;
Mais peut-être le mal n'est pas si grand qu'on[2] pense,
Et vous pourrez quitter ce désir de vengeance.
Lorsque l'injure part d'un objet plein d'appas•,
On fait force desseins qu'on n'exécute pas :
1265 On a beau voir, pour rompre, une raison puissante,
Une coupable aimée est bientôt innocente ;
Tout le mal qu'on lui veut se dissipe aisément,
Et l'on sait ce que c'est qu'un courroux d'un amant•.

ALCESTE

Non, non, madame, non : l'offense est trop mortelle,
1270 Il n'est point de retour, et je romps avec elle ;
Rien ne saurait changer le dessein que j'en fais,
Et je me punirais de l'estimer jamais.
La voici. Mon courroux redouble à cette approche ;
Je vais de sa noirceur lui faire un vif reproche,
1275 Pleinement la confondre, et vous porter après
Un cœur tout dégagé de ses trompeurs attraits.

---

1. *devoirs* : respect et attentions dus à la femme aimée.
2. *on* : vous.

Questions

Compréhension

• Les personnages

1. *Alceste égal à lui-même ? Relisez les attaques de ses répliques et ses hyperboles : face aux paroles apaisantes, en quoi est-il ridicule ? S'il l'est, quel mécanisme comique Molière fait-il fonctionner à ses dépens ? Ou bien peut-on jouer Alceste de façon à désamorcer toute montée du rire ou du sourire ?*

2. *Alceste mufle ? Ses offres à Éliante sont-elles d'un gentilhomme ? Ne découvre-t-il pas ici une forme de grossièreté inattendue ? Notre connaissance du personnage se complète-t-elle ?*

• Les circonstances

3. *Quels rapports cette scène entretient-elle avec la précédente ? Contraste brutal ? Illustration immédiate ? Prolongement inattendu ?*

4. *« Une lettre écrite pour Oronte » (v. 1237) : rétrospectivement, comment pouvons-nous lire aussi le sonnet du même Oronte (I, 2) ? Qu'a de comique la référence stupéfiée à Oronte, après la conclusion du récit que vient de faire Philinte ?*

Mise en scène

5. *Sur quelle opposition le jeu des acteurs est-il construit ? En termes de mouvement et d'espace, comment concevez-vous la scène ?*

6. *Observez la disposition des répliques : quelle est la part réservée à Philinte ? Personnage surtout muet, quelle serait la façon de faire sentir sa présence ? N'oubliez pas qu'il voit Alceste demander la main d'Éliante, à qui il s'était déclaré à la fin de la scène précédente...*

SCÈNE 3. Célimène, Alceste

Alceste

Ô Ciel! de mes transports• puis-je être ici le maître?

Célimène

Ouais[1]! Quel est donc le trouble où je vous vois paraître?
Et que me veulent dire et ces soupirs poussés,
1280 Et ces sombres regards que sur moi vous lancez?

Alceste

Que toutes les horreurs dont une âme est capable
À vos déloyautés n'ont rien de comparable;
Que le sort, les démons, et le Ciel en courroux
N'ont jamais rien produit[2] de si méchant• que vous.

Célimène

1285 Voilà certainement des douceurs que j'admire.

Alceste

Ah! ne plaisantez point, il n'est pas temps de rire:
Rougissez bien plutôt, vous en[3] avez raison[4];
Et j'ai de sûrs témoins[5] de votre trahison.
Voilà ce que marquaient[6] les troubles de mon âme:
1290 Ce n'était pas en vain que s'alarmait ma flamme;
Par ces fréquents soupçons, qu'on[7] trouvait odieux,
Je cherchais le malheur qu'ont rencontré mes yeux;
Et malgré tous vos soins et votre adresse à feindre,
Mon astre[8] me disait ce que j'avais à craindre.
1295 Mais ne présumez pas que, sans être vengé,

---

1. *ouais!*: marque la surprise (familier).
2. *produit*: créé, ou montré.
3. *en*: de rougir.
4. *raison*: des raisons.
5. *témoins*: preuves, témoignages: «se dit quelquefois des choses inanimées» (*Dictionnaire* de Furetière, 1690).
6. *marquaient*: présageaient.
7. *on*: vous.
8. *mon astre* (terme d'astrologie): l'astre sous lequel je suis né, d'où: le pressentiment de mon destin.

Je souffre• le dépit[1] de me voir outragé.
Je sais que sur les vœux[2] on n'a point de puissance,
Que l'amour veut partout naître sans dépendance,
Que jamais par la force on n'entra dans un cœur,
1300 Et que toute âme est libre à[3] nommer son vainqueur.
Aussi ne trouverais-je aucun sujet de plainte,
Si pour moi votre bouche avait parlé sans feinte ;
Et, rejetant[4] mes vœux dès le premier abord,
Mon cœur n'aurait eu droit de s'en prendre qu'au sort.
1305 Mais d'un aveu trompeur voir ma flamme applaudie,
C'est une trahison, c'est une perfidie,
Qui ne saurait trouver de trop grands châtiments,
Et je puis tout permettre à mes ressentiments.
Oui, oui, redoutez tout après un tel outrage ;
1310 Je ne suis plus à moi, je suis tout à la rage :
Percé[5] du coup mortel dont vous m'assassinez,
Mes sens par la raison ne sont plus gouvernés,
Je cède aux mouvements d'une juste colère,
Et je ne réponds pas de ce que je puis faire.

CÉLIMÈNE

1315 D'où vient donc, je vous prie, un tel emportement ?
Avez-vous, dites-moi, perdu le jugement ?

ALCESTE

Oui, oui, je l'ai perdu, lorsque dans votre vue
J'ai pris, pour mon malheur, le poison qui me tue,
Et que j'ai cru trouver •quelque sincérité
1320 Dans les traîtres appas• dont je fus enchanté[6].

CÉLIMÈNE

De quelle trahison pouvez-vous donc vous plaindre ?

---

1. *dépit* : «colère qui donne du dégoût d'une chose contre laquelle on se fâche»
(*Dictionnaire* de Furetière, 1690).
2. *vœux* : amour.
3. *à* : de.
4. *rejetant* : si vous aviez rejeté.
5. *percé* : se rapporte à «je» sous-entendu (cf. *mes* du vers suivant).
6. *enchanté* : ensorcelé.

ALCESTE

Ah! que ce cœur est double et sait bien l'art de feindre!
Mais pour le mettre à bout j'ai des moyens tous[1] prêts:
Jetez ici les yeux, et connaissez[2] vos traits[3];
1325 Ce billet découvert suffit pour vous confondre,
Et contre ce témoin on n'a rien à répondre.

CÉLIMÈNE

Voilà donc le sujet qui vous trouble l'esprit?

ALCESTE

Vous ne rougissez pas en voyant cet écrit?

CÉLIMÈNE

Et par[4] quelle raison faut-il que j'en rougisse?

ALCESTE

1330 Quoi? vous joignez ici l'audace à l'artifice?
Le désavouerez-vous, pour n'avoir point[5] de seing[6]?

CÉLIMÈNE

Pourquoi désavouer un billet de ma main?

ALCESTE

Et vous pouvez le voir sans demeurer confuse
Du crime dont vers[7] moi son style[8] vous accuse?

CÉLIMÈNE

1335 Vous êtes, sans mentir, un grand extravagant.

ALCESTE

Quoi? vous bravez ainsi ce témoin convaincant?

---

1. *tous* : tout. La langue classique ne distinguait pas *tout,* adjectif, de *tout,* adverbe.
2. *connaissez* : reconnaissez.
3. *traits* : écriture.
4. *par* : pour.
5. *pour n'avoir point* : parce qu'il n'a pas.
6. *seing* : signature.
7. *vers* : envers (et encore au v. 1343).
8. *style* : manière de tourner les choses.

Et ce qu'il m'a fait voir de douceur pour Oronte
N'a donc rien qui m'outrage, et qui vous fasse honte ?

CÉLIMÈNE

Oronte ! Qui vous dit que la lettre est pour lui ?

ALCESTE

1340 Les gens qui dans mes mains l'ont remise aujourd'hui.
Mais je veux consentir[1] qu'elle soit pour un autre :
Mon cœur en a-t-il moins à se plaindre du vôtre ?
En serez-vous vers moi moins coupable en effet[2] ?

CÉLIMÈNE

Mais si c'est une femme à qui va ce billet,
1345 En quoi vous blesse-t-il ? et qu'a-t-il de coupable ?

ALCESTE

Ah ! le détour est bon, et l'excuse admirable.
Je ne m'attendais pas, je l'avoue, à ce trait,
Et me voilà, par là, convaincu tout à fait.
Osez-vous recourir à ces ruses grossières ?
1350 Et croyez-vous les gens si privés de lumières[3] ?
Voyons, voyons un peu par quel biais[4], de quel air[5]
Vous voulez soutenir un mensonge si clair,
Et comment vous pourrez tourner[6] pour une femme
Tous les mots d'un billet qui montre tant de flamme.
1355 Ajustez[7], pour couvrir un manquement de foi[8],
Ce que je m'en vais lire...

CÉLIMÈNE

                    Il ne me plaît pas, moi.
Je vous trouve plaisant d'user d'un tel empire,

---

1. *consentir* : admettre.
2. *en effet* : en réalité.
3. *lumières* : faculté d'y voir clair.
4. *biais* : moyen détourné.
5. *air* : front, visage, ou bien : façon, manière.
6. *tourner pour* : justifier en appliquant à.
7. *ajustez* : conciliez.
8. *manquement de foi* : faute contre la fidélité.

Et de me dire au nez ce que vous m'osez dire.

ALCESTE
    Non, non : sans s'emporter[1], prenez un peu souci
1360 De me justifier[2] les termes que voici.

CÉLIMÈNE
    Non, je n'en veux rien faire, et dans cette occurrence,
    Tout ce que vous croirez m'est de peu d'importance.

ALCESTE
    De grâce, montrez-moi, je serai satisfait[3],
    Qu'on peut pour une femme expliquer ce billet.

CÉLIMÈNE
1365 Non, il est pour Oronte, et je veux qu'on le croie ;
    Je reçois tous ses soins• avec beaucoup de joie ;
    J'admire ce qu'il dit, j'estime ce qu'il est,
    Et je tombe d'accord de tout ce qu'il vous plaît.
    Faites, prenez parti, que rien ne vous arrête,
1370 Et ne me rompez pas davantage la tête.

ALCESTE
    Ciel ! rien de plus cruel peut-il être inventé ?
    Et jamais cœur fut-il de la sorte traité ?
    Quoi ? d'un juste courroux je suis ému contre elle,
    C'est moi qui me viens plaindre, et c'est moi qu'on que-
                                                    [relle !
1375 On[4] pousse ma douleur et mes soupçons à bout,
    On me laisse tout croire, on fait gloire de tout ;
    Et cependant mon cœur est encore assez lâche
    Pour ne pouvoir briser la chaîne qui l'attache,
    Et pour ne pas s'armer d'un généreux[5] mépris

1. *sans s'emporter* : sans que nous nous emportions.
2. *justifier* : démontrer l'innocence.
3. *je serai satisfait* : je m'en contenterai.
4. *on* : Célimène ; de même au vers suivant.
5. *généreux* : digne d'un noble caractère et d'un homme « de qualité ».

1380 Contre l'ingrat objet[1] dont il est trop épris !
Ah ! que vous savez bien ici, contre moi-même,
Perfide, vous servir de ma faiblesse extrême,
Et ménager[2] pour vous l'excès prodigieux
De ce fatal amour né de vos traîtres yeux !
1385 Défendez-vous au moins d'un crime qui m'accable,
Et cessez d'affecter[3] d'être envers moi coupable ;
Rendez-moi, s'il se peut, ce billet innocent[4] :
À vous prêter les mains[5] ma tendresse consent ;
Efforcez-vous ici de paraître fidèle,
1390 Et je m'efforcerai, moi, de vous croire telle.

CÉLIMÈNE

Allez, vous êtes fou, dans vos transports jaloux,
Et ne méritez pas l'amour qu'on[6] a pour vous.
Je voudrais bien savoir qui[7] pourrait me contraindre
À descendre pour vous aux bassesses de feindre
1395 Et pourquoi, si mon cœur penchait d'autre côté,
Je ne le dirais pas avec sincérité.
Quoi ? de mes sentiments l'obligeante[8] assurance[9]
Contre tous vos soupçons ne prend pas ma défense ?
Auprès d'un tel garant, sont-ils de quelque poids ?
1400 N'est-ce pas m'outrager que d'écouter leur voix ?
Et puisque notre[10] cœur fait un effort extrême
Lorsqu'il peut se résoudre à confesser qu'il aime,
Puisque l'honneur du sexe[11], ennemi de nos feux,
S'oppose fortement à de pareils aveux,
1405 L'amant• qui voit pour lui franchir un tel obstacle
Doit-il impunément[12] douter de cet oracle ?

---

1. *objet* : femme aimée.
2. *ménager* : utiliser habilement.
3. *affecter* : vous efforcer de paraître (sens actuel).
4. *innocent* est attribut de *billet* : montrez-moi que ce billet est innocent.
5. *prêter les mains* : aider.
6. *on* : je.
7. *qui* : ce qui (au neutre).
8. *obligeante* : flatteuse.
9. *assurance* : confirmation, ou certitude.
10. *notre* : à nous les femmes.
11. *sexe* : les femmes.
12. *impunément* : sans être puni, c'est-à-dire sans perdre l'amour qu'on lui a avoué.

Et n'est-il pas coupable en ne s'assurant[1] pas
À ce qu'on ne dit point qu'après de grands combats[2] ?
Allez, de tels soupçons méritent ma colère,
1410 Et vous ne valez pas que l'on vous considère :
Je suis sotte, et veux mal[3] à ma simplicité[4]
De conserver encor pour vous quelque bonté ;
Je devrais autre part[5] attacher mon estime[6],
Et vous faire un sujet de plainte légitime.

ALCESTE

1415 Ah ! traîtresse, mon faible est étrange pour vous !
Vous me trompez sans doute• avec des mots si doux ;
Mais il n'importe, il faut suivre ma destinée :
À votre foi[7] mon âme est toute abandonnée ;
Je veux voir, jusqu'au bout, quel sera votre cœur,
1420 Et si de me trahir il aura la noirceur.

CÉLIMÈNE

Non, vous ne m'aimez point comme il faut que l'on
[aime.

ALCESTE

Ah ! rien n'est comparable à mon amour extrême ;
Et dans l'ardeur qu'il a de se montrer à tous,
Il va jusqu'à former des souhaits contre vous.
1425 Oui, je voudrais qu'aucun ne vous trouvât aimable,
Que vous fussiez réduite en un sort misérable,
Que le Ciel, en naissant[8], ne vous eût donné rien,
Que vous n'eussiez ni rang, ni naissance[9], ni bien,
Afin que de mon cœur l'éclatant sacrifice[10]

---

1. *en ne s'assurant à* : s'il n'a pas confiance dans.
2. *combats* : défense contre l'amour, contre l'amant, contre soi-même.
3. *mal* : du mal (je m'en veux de).
4. *simplicité* : naïveté.
5. *autre part* : à un autre prétendant.
6. *estime* : amour.
7. *votre foi* : la fidélité que j'ai pour vous.
8. *en naissant* : à votre naissance.
9. *naissance* : condition noble.
10. *sacrifice* : don religieux.

1430 Vous pût d'un pareil sort réparer l'injustice,
Et que j'eusse la joie et la gloire, en ce jour,
De vous voir tenir tout des mains de mon amour.

CÉLIMÈNE

C'est me vouloir du bien d'une étrange manière !
Me préserve le Ciel que vous ayez matière[1] !...
1435 Voici monsieur Du Bois, plaisamment figuré[2].

Le Misanthrope, *mise en scène de André Engel ; de gauche à droite : Gérard Desarthe,
Laurence Masliah.*

1. *matière :* occasion.
2. *plaisamment figuré :* dont l'aspect est amusant.

Questions

Compréhension

• Les personnages

– Alceste

1. Sa colère est grande, mais sa maîtrise de l'expression est-elle en déroute ? Étudiez la construction de sa tirade initiale.

2. Alceste ou le grand style. Molière fait endosser à son personnage le discours de Dom Garcie, héros jaloux d'une comédie de ton soutenu, *Dom Garcie de Navarre* qu'il avait donnée en 1661. Des vers entiers en sont recopiés.
Qu'est-ce que ce recours au registre noble révèle chez Alceste (relisez le v. 1166, au début de l'acte) ? Verriez-vous en lui « un tragédien déplacé », qui « vit et jouit des succès que lui valent ses tirades tragiques, ses gestes exagérés, ses attitudes pathétiques, ses coups de théâtre dont il ménage avec un instinct sûr le suspens et les effets sur ses spectateurs » (M. Fumaroli) ?

3. Le crescendo d'Alceste jusqu'à la folie : « Allez, vous êtes fou » (v. 1391) ? Diriez-vous la même chose que Célimène ? Approuvez-vous la tradition qui faisait lever la main à Alceste pour frapper Célimène ? Jean-Louis Barrault faisait dire à un critique : « La scène est mi-pitoyable, mi-burlesque. Pas un instant Alceste ne perd l'estime du spectateur. Ni drame noir, ni simple comédie. » Au début du siècle, le célèbre Silvain, lui, faisait rire « dans ses emportements bien vrais, où les hommes les plus spirituels sont ridicules pour ceux qui les écoutent, quand ils sont convaincus ». Quelle interprétation choisiriez-vous ?

– Célimène

4. La célèbre interprète Mademoiselle Mars inspirait à un critique, en 1812, les réflexions suivantes : « Alceste attache par le naturel et la véhémence de ses sentiments. Célimène est froide et par là même odieuse ; elle se joue de l'amour et de la faiblesse d'un honnête homme ; c'est une lutte de la loyauté contre la perfidie. » Qu'est-ce qui peut justifier ce jugement ?

5. Distinguez chez Célimène le discours amoureux personnel, et le discours général du « sexe », comme l'on disait à l'époque. Quelle est la fonction du discours général chez Célimène ?

• Les circonstances

6. La scène est bien plus longue que la première rencontre (II, 1). Quelles en sont les étapes ? Une scène de théâtre est une lutte,

souvent, pour l'initiative de la parole : lequel des deux personnages a l'initiative du dialogue ? La garde-t-il ? Quelle est la tactique de l'autre ?

7. *Superposez cette scène et celle qui avait une première fois réuni les deux personnages : constantes et évolutions ?*

• **La signification**

8. *Deux conceptions de l'amour ? Ou des fragments d'un discours amoureux chez Alceste et un refus du discours amoureux chez Célimène ?*

9. *Célimène, Alceste, face au langage en général. «Alors que celui-ci exige de chaque mot qu'il soit alourdi par un équivalent intérieur qui lui assure son équilibre, celle-là ne se préoccupe que du signe linguistique. Seul le mot compte, à condition qu'il brille [...] sans souci de vérité ou de fausseté » (J.-M. Apostolidès) : pensez-vous que le langage est pour l'un « de l'or », et qu'Alceste rêve d' « une société où les mots auraient le poids de l'or », tandis que pour Célimène le langage n'est qu' « un papier-monnaie sans valeur » ?*

10. *Célimène retourne la situation. Alceste est-il un pantin, mais pantin lucide ? Ou bien la pièce est-elle le conflit de deux volontés dominatrices (relisez la dernière déclaration, folle, d'Alceste) ?*

Écriture

11. *L'art de voiler les choses. Célimène y excelle ; elle minimise les réalités dont Alceste se dit outré. La scène est un remarquable exercice linguistique et rhétorique de la part de la coquette (v. 1285-1339). Mettez en valeur, par quelques exemples, cet art qui est le contraire exactement de celui d'Alceste, homme de l'amplification.*

Mise en scène

12. *L'objet au théâtre : une lettre. Quels jeux de scène permet cette lettre brandie par Alceste sous le nez de Célimène ? L'arrache-t-elle pour la jeter en morceaux ? En joue-t-elle comme d'un trophée, ou d'un éventail ?*

SCÈNE 4. Du Bois, Célimène, Alceste

ALCESTE
Que veut[1] cet équipage[2], et cet air effaré ?
Qu'as-tu ?

Du Bois
Monsieur...

ALCESTE
Hé bien ?

Du Bois
Voici bien des mystères.

ALCESTE
Qu'est-ce ?

Du Bois
Nous sommes mal, monsieur, dans nos affaires.

ALCESTE
Quoi ?

Du Bois
Parlerai-je haut ?

ALCESTE
Oui, parle, et promptement.

Du Bois
1440 N'est-il point là quelqu'un ?...

ALCESTE
Ah ! que d'amusement[3] !

---

1. *que veut* : que veut dire.
2. *équipage* : accoutrement (tenue de courrier : grandes bottes, manteau de cavalier, sac au dos).
3. *amusement* : retard pour des raisons futiles.

Veux-tu parler?

DU BOIS

Monsieur, il faut faire retraite[1].

ALCESTE
Comment?

DU BOIS

Il faut d'ici[2] déloger sans trompette[3].

ALCESTE
Et pourquoi?

DU BOIS

Je vous dis qu'il faut quitter ce lieu.

ALCESTE
La cause?

DU BOIS

Il faut partir, monsieur, sans dire adieu.

ALCESTE
1445 Mais par quelle raison me tiens-tu ce langage?

DU BOIS
Par la raison, monsieur, qu'il faut plier bagage.

ALCESTE
Ah! je te casserai la tête assurément,
Si tu ne veux, maraud[4], t'expliquer autrement.

---

1. *faire retraite* : se retirer (vocabulaire militaire).
2. *d'ici* : de Paris.
3. *déloger sans trompette* : partir sans bruit, en secret (vocabulaire militaire).
4. *maraud* : gueux, scélérat (terme d'injure et de mépris).

DU BOIS

Monsieur, un homme noir et d'habit et de mine[1]
1450 Est venu nous laisser, jusque dans la cuisine,
Un papier griffonné d'une telle façon,
Qu'il faudrait, pour le lire, être pis que démon.
C'est de votre procès, je n'en fais aucun doute ;
Mais le diable d'enfer, je crois, n'y verrait goutte.

ALCESTE

1455 Hé bien ? quoi ? ce papier, qu'a-t-il à démêler[2],
Traître, avec le départ dont tu viens me parler ?

DU BOIS

C'est pour vous dire ici, monsieur, qu'une heure
[ensuite[3],
Un homme qui souvent vous vient rendre visite
Est venu vous chercher avec empressement,
1460 Et, ne vous trouvant pas, m'a chargé doucement[4],
Sachant que je vous sers avec beaucoup de zèle,
De vous dire... Attendez, comme est-ce qu'il s'appelle ?

ALCESTE

Laisse là son nom, traître, et dis ce qu'il t'a dit.

DU BOIS

C'est un de vos amis enfin, cela suffit.
1465 Il m'a dit que d'ici votre péril vous chasse,
Et que d'être arrêté le sort vous y menace.

ALCESTE

Mais quoi ? n'a-t-il voulu te rien spécifier ?

DU BOIS

Non : il m'a demandé de l'encre et du papier,

---

1. *un homme noir et d'habit et de mine* : un huissier (ou sergent), ou un officier de
police.
2. *qu'a-t-il à démêler* : en quoi est-il lié.
3. *ensuite* : après.
4. *doucement* : poliment.

Et vous a fait un mot[1], où vous pourrez, je pense,
1470 Du fond de ce mystère avoir la connaissance.

ALCESTE
Donne-le donc.

CÉLIMÈNE

Que peut envelopper[2] ceci ?

ALCESTE
Je ne sais, mais j'aspire à m'en voir éclairci[3].
Auras-tu bientôt fait, impertinent[4] au diable[5] ?

DU BOIS, *après l'avoir longtemps cherché.*
Ma foi ! je l'ai, monsieur, laissé sur votre table.

ALCESTE
1475 Je ne sais qui[6] me tient[7]...

CÉLIMÈNE

Ne vous emportez pas,
Et courez démêler un pareil embarras.

ALCESTE
Il semble que le sort, quelque soin que je prenne,
Ait juré d'empêcher que je vous entretienne ;
Mais pour en[8] triompher, souffrez• à mon amour
1480 De vous revoir, madame, avant la fin du jour.

---

1. *a fait un mot* : a écrit une lettre.
2. *envelopper* : cacher.
3. *éclairci* : à avoir toute lumière sur le sujet.
4. *impertinent* : sot, stupide (sans idée d'insolence).
5. *au diable* : digne d'aller au diable.
6. *qui* : ce qui (au neutre).
7. *tient* : retient.
8. *en* : du sort.

Questions

Compréhension

• Les circonstances

1. *Comparez les fins d'actes (II, III) : du point de vue de l'intrigue, en quoi sont-elles superposables ? Et du point de vue de l'action ? On distinguera action et intrigue, voir p. 188.*

2. *Quelle est, quelles sont les fonctions de cette scène, immédiatement après la querelle avec Célimène ? Rappelez-vous qu'elle tournait autour d'une lettre, tandis que celle-ci tourne autour d'un « papier griffonné » (v. 1451).*

Écriture

3. *Sur quel schéma la scène est-elle construite, du début au vers 1448 ? Quelle est la nature du décalage entre questions et réponses, entre maître et valet ? Comparez les phrases de Du Bois entre elles, du vers 1441 au vers 1446.*

4. *Comparez les répliques de Du Bois dans la première partie de la scène avec celles de la deuxième partie (v. 1436-1446, et 1449-1474) : sur quels maniements du langage s'opposent-elles ?*

Mise en scène

5. *Le personnage muet : Célimène assiste à la scène ; on l'oublie à la simple lecture. Quel regard lui feriez-vous jeter sur le dialogue qu'elle entend ? Imaginez ce qui peut se passer dans son esprit à ce moment-là.*

Bilan

L'action

• **Ce que nous savons**

Les choses se précipitent, à défaut de se préciser. Molière laisse encore beaucoup à deviner. Alceste a perdu son procès, et Célimène la confiance d'Alceste. Fuite en avant de Célimène, poursuite quasi délirante d'Alceste.

• **À quoi faut-il nous attendre ?**

Pouvons-nous faire sérieusement l'hypothèse qu'Alceste puisse être arrêté, comme Tartuffe ? Fausse piste ? La perte du procès est-elle une circonstance accablante qui va précipiter sa fuite au «désert» ? Mais pourra-t-il, aura-t-il le temps de rattraper Célimène ? Car elle interpose entre elle et lui des faux-fuyants. Est-il pensable qu'il quitte la scène sans s'être expliqué avec elle ?

Les personnages

• **Ce que nous savons**

De Célimène, que savons-nous, au terme de ces quatre actes ? La scène avec Alceste n'a-t-elle pas été une répétition, avec des variantes insignifiantes, de la précédente ? Le schéma : fureur d'Alceste, candeur ou rouerie de Célimène, efficace dramatiquement, sera-t-il voué à une reproduction d'acte en acte ? Qui, de tous les personnages de Molière, nous échappe autant que Célimène ?

• **À quoi faut-il nous attendre ?**

Alceste ne changera pas, et Célimène triomphera toujours de son délire. Seul changement possible, mais d'ordre quantitatif : toujours plus de fureur. Mais qui percera à jour la coquette ? Car Célimène ne se confond-elle pas avec la Coquetterie ? Des absents, en cet acte IV : Oronte, les marquis. Vont-ils revenir ?

ACTE V

SCÈNE 1. Alceste, Philinte

Alceste
La résolution en est prise, vous dis-je.

Philinte
Mais quel que soit ce coup, faut-il qu'il vous oblige ?...

Alceste
Non : vous avez beau faire et beau me raisonner,
Rien de ce que je dis[1] ne me peut détourner :
1485 Trop de perversité règne au siècle où nous sommes,
Et je veux me tirer du commerce• des hommes.
Quoi ? contre ma partie on voit tout à la fois
L'honneur, la probité, la pudeur et les lois ;
On publie en tous lieux l'équité de ma cause ;
1490 Sur la foi de mon droit[2] mon âme se repose :
Cependant je me vois trompé par le succès• ;
J'ai pour moi la justice et je perds mon procès !
Un traître, dont on sait la scandaleuse histoire,
Est sorti triomphant d'une fausseté[3] noire !
1495 Toute la bonne foi cède à sa trahison !
Il trouve, en m'égorgeant[4], moyen d'avoir raison !
Le poids de sa grimace, où brille l'artifice,
Renverse le bon droit et tourne la justice !
Il fait par un arrêt couronner son forfait !
1500 Et non content encor du tort que l'on me fait,
Il court parmi le monde un livre abominable[5],
Et de qui la lecture est même[6] condamnable,

---

1. *de ce que je dis* : inversion (= rien ne peut me détourner de ce que je dis).
2. *foi de mon droit* : confiance dans mon bon droit.
3. *fausseté* est complément de moyen de *triomphant*.
4. *égorgeant* : vainquant brutalement.
5. *un livre abominable* : allusion au *Livre abominable*, pamphlet anonyme en vers, virulent contre Colbert, qui circulait depuis 1663.
6. *même* porte sur *lecture*.

Un livre à mériter la dernière rigueur,
Dont le fourbe a le front de me faire l'auteur !
1505 Et là-dessus, on voit Oronte qui murmure•,
Et tâche méchamment d'appuyer l'imposture !
Lui, qui d'un honnête homme• à la cour tient le rang,
À qui je n'ai rien fait qu'être sincère et franc,
Qui me vient, malgré moi, d'une ardeur empressée,
1510 Sur des vers qu'il a faits demander ma pensée ;
Et parce que j'en use avec honnêteté,
Et ne le veux trahir, lui ni la vérité,
Il aide à m'accabler d'un crime imaginaire !
Le voilà devenu mon plus grand adversaire !
1515 Et jamais de son cœur je n'aurai de pardon,
Pour n'avoir pas trouvé que son sonnet fût bon !
Et les hommes, morbleu•! sont faits de cette sorte !
C'est à ces actions que la gloire[1] les porte !
Voilà la bonne foi, le zèle vertueux,
1520 La justice et l'honneur que l'on trouve chez eux !
Allons, c'est trop souffrir• les chagrins• qu'on nous
                                                    [forge :
Tirons-nous de ce bois et de ce coupe-gorge.
Puisque entre humains ainsi vous vivez en vrais loups,
Traîtres, vous ne m'aurez pas de ma vie avec vous.

PHILINTE
1525 Je trouve un peu bien[2] prompt le dessein où vous êtes,
Et tout le mal n'est pas si grand que vous le faites :
Ce que votre partie ose vous imputer
N'a point eu le crédit de vous faire arrêter ;
On voit son faux rapport lui-même se détruire,
1530 Et c'est une action qui pourrait bien lui nuire.

ALCESTE
Lui ? De semblables tours il ne craint point l'éclat ;
Il a permission d'être franc scélérat ;

---

1. *gloire* : vanité, orgueil ou amour-propre.
2. *un peu bien* : beaucoup trop.

Et loin qu'à son crédit nuise cette aventure,
On l'en verra demain en meilleure posture.

PHILINTE
1535 Enfin il est constant[1] qu'on n'a point trop donné
Au bruit que contre vous sa malice a tourné :
De ce côté déjà vous n'avez rien à craindre ;
Et pour votre procès, dont vous pouvez vous plaindre,
Il vous est en justice aisé d'y revenir,
1540 Et contre cet arrêt...

ALCESTE
                    Non, je veux m'y tenir.
Quelque sensible tort qu'un tel arrêt me fasse,
Je me garderai bien de vouloir qu'on le casse :
On y voit trop à plein le bon droit maltraité,
Et je veux qu'il demeure à la postérité
1545 Comme une marque insigne, un fameux témoignage
De la méchanceté des hommes de notre âge.
Ce sont vingt mille francs[2] qu'il m'en pourra coûter ;
Mais pour vingt mille francs j'aurai droit de pester
Contre l'iniquité de la nature humaine,
1550 Et de nourrir pour elle une immortelle haine.

PHILINTE
Mais enfin...

ALCESTE
                    Mais enfin, vos soins• sont superflus :
Que pouvez-vous, monsieur, me dire là-dessus ?
Aurez-vous bien le front de me vouloir en face
Excuser les horreurs de tout ce qui se passe ?

PHILINTE
1555 Non : je tombe d'accord de tout ce qu'il vous plaît :
Tout marche par cabale et par pur intérêt ;

---

1. *constant* : réel, vérifié.
2. *vingt mille francs* : somme énorme, quoique très difficile à évaluer en monnaie actuelle.

Ce n'est plus que la ruse aujourd'hui qui l'emporte,
Et les hommes devraient être faits d'autre sorte.
Mais est-ce une raison que leur peu d'équité
1560 Pour vouloir se tirer de leur société ?
Tous ces défauts humains nous donnent dans la vie
Des moyens d'exercer notre philosophie :
C'est le plus bel emploi que trouve la vertu ;
Et si de probité tout était revêtu,
1565 Si tous les cœurs étaient francs, justes et dociles,
La plupart des vertus nous seraient inutiles,
Puisqu'on en met l'usage à pouvoir sans ennui•
Supporter, dans nos droits[1], l'injustice d'autrui ;
Et de même qu'un cœur d'une vertu profonde...

ALCESTE

1570 Je sais que vous parlez, monsieur, le mieux du monde ;
En beaux raisonnements vous abondez toujours ;
Mais vous perdez le temps et tous vos beaux discours.
La raison, pour mon bien, veut que je me retire :
Je n'ai point sur ma langue un assez grand empire ;
1575 De ce que je dirais je ne répondrais pas,
Et je me jetterais cent choses sur les bras.
Laissez-moi, sans dispute, attendre Célimène :
Il faut qu'elle consente au dessein qui m'amène ;
Je vais voir si son cœur a de l'amour pour moi,
1580 Et c'est ce moment-ci qui doit m'en faire foi.

PHILINTE

Montons chez Éliante, attendant sa venue.

ALCESTE

Non : de trop de souci je me sens l'âme émue.
Allez-vous-en la voir, et me laissez enfin
Dans ce petit coin sombre avec mon noir chagrin•.

PHILINTE

1585 C'est une compagnie étrange pour attendre,
Et je vais obliger Éliante à descendre.

---

1. *dans nos droits* : quand nous sommes dans notre droit.

Questions

Compréhension

• Les personnages

1. *Qu'est-ce qui oppose véritablement les deux hommes ? Et si, malgré les apparences, ils avaient un point d'accord ?*

2. *Alceste. Quelle sorte de plaisir attend-il de ses malheurs ? Dans les vers 1543-1545, relevez les termes désignant le spectacle : en concluez-vous qu'il a le goût du théâtre ? Est-ce un histrion ?*

• Les circonstances

3. *Retour à la case départ ? Cette scène double-t-elle ou non la première ? Ressemblances et différences ?*

4. *En quoi la tirade initiale d'Alceste récapitule-t-elle l'ensemble de son aventure sociale ?*

5. *La justice, ses rouages compliqués : la tirade d'Alceste témoigne qu'elle peut mettre en échec la meilleure des causes (c'est le moment où Colbert travaille à la simplifier). Cette tirade a-t-elle une portée politique ? Renforce-t-elle une lecture de la pièce comme mise en cause, par la bouche d'Alceste, d'un état de fait politique et social, au sens large ? Quant au « livre abominable » (v. 1501), G. Couton, dans une note de son édition de la Pléiade (p. 1343-1344), penche pour « l'un des pamphlets qui vont finir par former, avec l'Histoire amoureuse des Gaules, un véritable corpus scandaleux du règne ». L'auteur, Bussy-Rabutin, cousin de Mme de Sévigné, fut embastillé (avril 1665) ; on sait que des Pays-Bas provenaient maints livres à scandale. Dégagez le climat de violence sous-jacent à l'univers représenté dans Le Misanthrope.*

Mise en scène

6. *Un départ : quels éclairages choisiriez-vous pour cette scène ? Quand elle commence, la physionomie d'Alceste a-t-elle changé ? Le placement des acteurs, leur jeu doivent-ils rappeler ceux de la première scène ?*

SCÈNE 2. Oronte, Célimène, Alceste

ORONTE

Oui, c'est à vous de voir si par des nœuds si doux,
Madame, vous voulez m'attacher tout à vous.
Il me faut de votre âme une pleine assurance :
1590 Un amant• là-dessus n'aime point qu'on balance.
Si l'ardeur de mes feux a pu vous émouvoir,
Vous ne devez point feindre[1] à me le faire voir ;
Et la preuve, après tout, que je vous en demande,
C'est de ne plus souffrir• qu'Alceste vous prétende,
1595 De le sacrifier, madame, à mon amour,
Et de chez vous enfin le bannir dès ce jour.

CÉLIMÈNE

Mais quel sujet si grand contre lui vous irrite,
Vous à qui[2] j'ai tant vu parler de son mérite ?

ORONTE

Madame, il ne faut point ces éclaircissements ;
1600 Il s'agit de savoir quels sont vos sentiments.
Choisissez, s'il vous plaît, de garder l'un ou l'autre :
Ma résolution n'attend rien que la vôtre.

ALCESTE, *sortant du coin où il s'était retiré.*

Oui, monsieur a raison : madame, il faut choisir,
Et sa demande ici s'accorde à mon désir.
1605 Pareille ardeur me presse, et même soin• m'amène ;
Mon amour veut du vôtre une marque certaine,
Les choses ne sont plus pour traîner en longueur,
Et voici le moment d'expliquer votre cœur.

ORONTE

Je ne veux point, monsieur, d'une flamme importune
1610 Troubler aucunement votre bonne fortune.

---

1. *feindre* : prendre des apparences pour éviter de.
2. *à qui* : par qui (complément du verbe *parler*).

ALCESTE
  Je ne veux point, monsieur, jaloux ou non jaloux,
  Partager de son cœur rien du tout avec vous.

ORONTE
  Si votre amour au mien lui semble préférable...

ALCESTE
  Si du moindre penchant elle est pour vous capable...

ORONTE
1615 Je jure de n'y rien prétendre désormais.

ALCESTE
  Je jure hautement de ne la voir jamais.

ORONTE
  Madame, c'est à vous de parler sans contrainte.

ALCESTE
  Madame, vous pouvez vous expliquer sans crainte.

ORONTE
  Vous n'avez qu'à nous dire où s'attachent vos vœux.

ALCESTE
1620 Vous n'avez qu'à trancher, et choisir de nous deux.

ORONTE
  Quoi ? sur un pareil choix vous semblez être en peine !

ALCESTE
  Quoi ? votre âme balance et paraît incertaine !

CÉLIMÈNE
  Mon Dieu ! que cette instance[1] est là hors de saison,
  Et que vous témoignez, tous deux, peu de raison !

---

1. *instance* : insistance.

1625 Je sais prendre parti sur cette préférence,
Et ce n'est pas mon cœur maintenant qui balance :
Il n'est point suspendu, sans doute•, entre vous deux,
Et rien n'est si tôt fait que le choix de nos vœux.
Mais je souffre•, à vrai dire, une gêne trop forte
1630 À prononcer en face un aveu de la sorte :
Je trouve que ces mots qui sont désobligeants
Ne se doivent point dire en présence des gens ;
Qu'un cœur de son penchant donne assez de lumière,
Sans qu'on nous fasse aller jusqu'à rompre en visière[1] ;
1635 Et qu'il suffit enfin que de plus doux témoins
Instruisent un amant• du malheur[2] de ses soins•.

ORONTE

Non, non, un franc aveu n'a rien que j'appréhende,
J'y consens pour ma part.

ALCESTE

                                    Et moi, je le demande :
C'est son éclat surtout qu'ici j'ose exiger,
1640 Et je ne prétends point vous voir rien ménager.
Conserver tout le monde est votre grande étude !
Mais plus d'amusement[3] et plus d'incertitude :
Il faut vous expliquer nettement là-dessus,
Ou bien pour un arrêt[4] je prends votre refus.
1645 Je saurai, de ma part, expliquer ce silence,
Et me tiendrai pour dit tout le mal que j'en pense[5].

ORONTE

Je vous sais fort bon gré, monsieur, de ce courroux,
Et je lui dis ici même chose que vous.

---

1. *rompre en visière* : attaquer en face ; cf. le vers 96.
2. *malheur* : insuccès, échec.
3. *amusement* : retard, délai ; cf. v. 1440.
4. *arrêt* : décision (comme en justice).
5. *tout le mal que j'en pense* : tout le mal que j'imagine signifié par ce silence.

CÉLIMÈNE

Que vous me fatiguez avec un tel caprice!
1650 Ce que vous demandez a-t-il de la justice?
Et ne vous dis-je pas quel motif me retient?
J'en vais prendre pour juge Éliante qui vient.

Jacques Mauclair (Alceste), Agnès Garreau (Célimène) dans la mise en scène de Jacques Mauclair, théâtre du Marais, 1982.

Questions

Compréhension

• *Les personnages*

1. *Célimène. Devant ce double assaut, est-elle parfaitement à l'aise et maîtresse d'elle-même ? Laisse-t-elle échapper un trouble ? Le spectateur et les autres personnages peuvent-ils percevoir à des signes (visage, gestes, déplacements, voix) qu'elle ment (v. 1623-1636) ? Cette scène rend-elle le personnage plus ou moins opaque ?*

2. *Le discours de Célimène. Faites la part des arguments généraux invoqués pour refuser de se déclarer, et celle des arguments personnels (voir déjà IV, 3, v. 1391-1414).*

3. *Oronte et Alceste alliés contre Célimène : leurs comportements sont rigoureusement identiques ; leurs mobiles le sont-ils ?*

• *Les circonstances*

4. *Alceste s'est caché : ce n'est pas la première fois que Molière place deux personnages au plein jour de la scène, tandis que le troisième est dissimulé. Comparez l'utilisation du procédé avec Tartuffe (III, 4 et IV, 5) et aussi Britannicus (II, 5).*

Écriture

5. *Cette scène peut-elle prêter à rire ou à sourire ? Quel est le mécanisme qui produit ces effets ? Est-elle, au contraire, l'expression d'une violence, de moins en moins contenue par la politesse des personnages ?*

Mise en scène

6. *Ballet de répliques. Dès qu'Oronte paraît, un pas de deux s'engage (voir I, 2). Comment sont réparties les répliques des personnages, d'un côté Alceste et Oronte, de l'autre Célimène (v. 1599-1652) ? En fonction des parallélismes et symétries, comment imaginez-vous l'occupation de l'espace par les trois personnages ? La symétrie des répliques est prolongée : est-ce pour des raisons psychologiques et dramatiques ? La mise en scène doit-elle en tenir compte ?*

SCÈNE 3. Éliante, Philinte, Célimène, Oronte, Alceste

Célimène

Je me vois, ma cousine, ici persécutée
Par des gens dont l'humeur* y paraît concertée.
1655 Ils veulent l'un et l'autre, avec même chaleur,
Que je prononce entre eux[1] le choix que fait mon cœur,
Et que, par un arrêt[2] qu'en face il me faut rendre,
Je défende à l'un d'eux tous les soins* qu'il peut
                                             [prendre.
Dites-moi si jamais cela se fait ainsi.

Éliante

1660 N'allez point là-dessus me consulter ici :
Peut-être y pourriez-vous être mal adressée,
Et je suis pour les gens qui disent leur pensée.

Oronte

Madame, c'est en vain que vous vous défendez.

Alceste

Tous vos détours ici[3] seront mal secondés.

Oronte

1665 Il faut, il faut parler, et lâcher la balance[4].

Alceste

Il ne faut que poursuivre à garder le silence.

Oronte

Je ne veux qu'un seul mot pour finir nos débats.

---

1. *entre eux* : inversion ; le choix que mon cœur fait entre eux.
2. *arrêt* : décision (de justice) ; cf. v. 1644.
3. *ici* : par Éliante (avec un geste d'Alceste pour la désigner).
4. *lâcher la balance* : laisser pencher la balance du côté le plus lourd, c'est-à-dire faire un choix visible.

ALCESTE
Et moi, je vous entends• si vous ne parlez pas.

SCÈNE 4. ACASTE, CLITANDRE, ARSINOÉ, PHILINTE,
ÉLIANTE, ORONTE, CÉLIMÈNE, ALCESTE

ACASTE, *à Célimène.*
Madame, nous venons tous deux, sans vous déplaire,
1670 Éclaircir avec vous une petite affaire.

CLITANDRE, *à Oronte et à Alceste.*
Fort à propos, messieurs, vous vous trouvez ici,
Et vous êtes mêlés dans cette affaire aussi.

ARSINOÉ, *à Célimène.*
Madame, vous serez surprise de ma vue ;
Mais ce sont ces messieurs qui causent ma venue :
1675 Tous deux ils m'ont trouvée et se sont plaints à moi
D'un trait[1] à qui[2] mon cœur ne saurait prêter foi.
J'ai du fond de votre âme une trop haute estime
Pour vous croire jamais capable d'un tel crime :
Mes yeux ont démenti leurs témoins les plus forts ;
1680 Et l'amitié passant sur de petits discords[3],
J'ai bien voulu chez vous leur faire compagnie,
Pour vous voir vous laver de cette calomnie.

ACASTE, *à Célimène.*
Oui, madame, voyons, d'un esprit adouci,
Comment vous vous prendrez à soutenir[4] ceci :
1685 Cette lettre par vous est écrite à Clitandre ?

---

1. *trait* : action (ici, dans un sens défavorable).
2. *à qui* : auquel.
3. *discords* : désaccords, différends (le mot commençait à vieillir).
4. *soutenir* (sens militaire) : supporter sans fléchir l'attaque de.

CLITANDRE
Vous avez pour Acaste écrit ce billet tendre ?

ACASTE, *à Oronte et à Alceste.*
Messieurs, ces traits[1] pour vous n'ont point d'obscurité,
Et je ne doute pas que sa civilité[2]
À connaître sa main[3] n'ait trop su vous instruire ;
1690 Mais ceci vaut assez la peine de le lire[4].

Vous[5] êtes un étrange homme de condamner mon enjoue-
ment, et de me reprocher que je n'ai jamais tant de joie que
lorsque je ne suis pas avec vous. Il n'y a rien de plus
injuste ; et si vous ne venez bien vite me demander pardon
de cette offense, je ne vous la pardonnerai de ma vie. Notre
grand flandrin[6] de Vicomte...

Il devrait être ici.

Notre grand flandrin de Vicomte, par qui vous commen-
cez vos plaintes, est un homme qui ne saurait me revenir[7] ;
et depuis que je l'ai vu, trois quarts d'heure durant, cracher
dans un puits pour faire des ronds, je n'ai pu jamais
prendre bonne opinion de lui. Pour le petit Marquis...

C'est moi-même, messieurs, sans nulle vanité.

Pour le petit Marquis, qui me tint hier longtemps la
main, je trouve qu'il n'y a rien de si mince que toute sa
personne ; et ce sont de ces mérites[8] qui n'ont que la cape et
l'épée[9]. Pour l'homme aux rubans verts...

(À Alceste.) À vous le dé[10], monsieur.

Pour l'homme aux rubans verts, il me divertit quelque-
fois avec ses brusqueries et son chagrin• bourru[11] ; mais il
est

---

1. *traits* : écriture.
2. *civilité* : politesse.
3. *connaître sa main* : reconnaître son écriture.
4. *de le lire* : qu'on le lise.
5. *vous* : Clitandre.
6. *flandrin* : fluet, sans énergie (terme péjoratif pour «Flamand»).
7. *revenir* : convenir.
8. *mérites* : gens de mérite.
9. *la cape et l'épée* : la seule apparence, une valeur nulle (la cape et l'épée sont les seuls biens d'un gentilhomme sans fortune).
10. *à vous le dé* : à vous de jouer, c'est-à-dire à votre tour.
11. *bourru* : «fantasque, bizarre, extravagant» (*Dictionnaire* de l'Académie, 1694). Un bourru «ne veut point voir le monde» (*Dictionnaire* de Furetière, 1690).

*cent moments où je le trouve le plus fâcheux[1] du monde. Et
pour l'homme à la veste[2]...*

(À Oronte). Voici votre paquet.

*Et pour l'homme à la veste, qui s'est jeté dans le bel
esprit[3] et veut être auteur malgré tout le monde, je ne puis
me donner la peine d'écouter ce qu'il dit; et sa prose me
fatigue autant que ses vers. Mettez-vous donc en tête que je
ne me divertis pas toujours si bien que vous pensez; que je
vous trouve à dire[4] plus que je ne voudrais, dans toutes les
parties[5] où l'on m'entraîne; et que c'est un merveilleux
assaisonnement aux plaisirs qu'on goûte que la présence des
gens qu'on aime.*

CLITANDRE

Me voici maintenant, moi.

*Votre Clitandre dont vous me parlez, et qui fait tant le
doucereux[6], est le dernier des hommes pour qui j'aurais de
l'amitié[7]. Il est extravagant de se persuader qu'on l'aime; et
vous l'êtes de croire qu'on ne vous aime pas. Changez, pour
être raisonnable, vos sentiments contre les siens; et voyez-
moi le plus que vous pourrez, pour m'aider à porter le
chagrin d'en être obsédée[8].*

D'un fort beau caractère[9] on voit là le modèle,
Madame, et vous savez comment cela s'appelle?
Il suffit: nous allons l'un et l'autre en tous lieux
Montrer de votre cœur le portrait glorieux.

---

1. *fâcheux* : ennuyeux, pénible à vivre.
2. *veste* : «longue camisole qu'on porte sous le justaucorps, et qui sert comme de pourpoint» (*Dictionnaire* de l'Académie).
3. *bel esprit* : belles-lettres, beaux ouvrages littéraires, cf. v. 342.
4. *je vous trouve à dire* : je regrette votre absence.
5. *parties* : parties de plaisir.
6. *doucereux* : «amoureux, languissant auprès d'une dame» (*Dictionnaire* de Furetière).
7. *amitié* : amour.
8. *obsédée* : assiégée.
9. *caractère* : type remarquable, qui personnifie un des travers de la nature humaine.

ACASTE

1695 J'aurais de quoi vous dire, et belle est la matière ;
Mais je ne vous tiens pas digne de ma colère ;
Et je vous ferai voir que les petits marquis
Ont, pour se consoler, des cœurs du plus haut prix.

(Ils sortent.)

ORONTE

Quoi ? de cette façon je vois qu'on me déchire[1],
1700 Après tout ce qu'à moi je vous ai vu m'écrire !
Et votre cœur, paré de beaux semblants d'amour,
À tout le genre humain se promet tour à tour !
Allez, j'étais trop dupe et je vais ne plus l'être.
Vous me faites un bien, me faisant vous connaître :
1705 J'y profite d'un cœur[2] qu'ainsi vous me rendez.
Et trouve ma vengeance en ce que vous perdez.
(À Alceste.)
Monsieur, je ne fais plus d'obstacle à votre flamme,
Et vous pouvez conclure affaire avec madame.

(Il sort.)

ARSINOÉ

Certes, voilà le trait du monde le plus noir ;
1710 Je ne m'en saurais taire et me sens émouvoir.
Voit-on des procédés qui soient pareils aux vôtres ?
Je ne prends point de part aux intérêts des autres[3] ;
(Montrant Alceste.)
Mais monsieur, que chez vous fixait votre bonheur,
Un homme comme lui, de mérite et d'honneur,
1715 Et qui vous chérissait avec idolâtrie,
Devait-il[4]... ?

ALCESTE

Laissez-moi, madame, je vous prie,
Vuider[5] mes intérêts moi-même là-dessus,

---

1. *me déchire* : détruit ma réputation.
2. *j'y profite d'un cœur* : en cela je regagne mon cœur.
3. *des autres* : d'Oronte et des deux marquis.
4. *devait-il* : aurait-il dû (latinisme).
5. *vuider* (ou vider) : régler (voir v. 776).

Et ne vous chargez point de ces soins superflus.
Mon cœur a beau vous voir prendre ici sa querelle[1],
1720 Il n'est point en état de payer ce grand zèle ;
Et ce n'est pas à vous que je pourrai songer
Si par un autre choix je cherche à me venger.

Arsinoé

Hé ! croyez-vous, monsieur, qu'on[2] ait cette pensée,
Et que de vous avoir on soit tant empressée ?
1725 Je vous trouve un esprit bien plein de vanité,
Si de cette créance[3] il peut s'être flatté[4].
Le rebut de madame est une marchandise
Dont on aurait grand tort d'être si fort éprise.
Détrompez-vous, de grâce, et portez-le moins haut[5] :
1730 Ce ne sont pas des gens comme moi qu'il vous faut ;
Vous ferez bien encor de soupirer pour elle,
Et je brûle[6] de voir une union si belle.

(Elle se retire.)

Alceste

Hé bien ! je me suis tu, malgré ce que je voi[7],
Et j'ai laissé parler tout le monde avant moi :
1735 Ai-je pris sur moi-même un assez long empire[8],
Et puis-je maintenant... ?

Célimène

                              Oui, vous pouvez tout dire :
Vous en êtes en droit, lorsque vous vous plaindrez,
Et[9] de me reprocher tout ce que vous voudrez.

---

1. *prendre sa querelle* : prendre parti pour lui dans ce débat.
2. *on* : je.
3. *créance* : ou croyance ; même prononciation selon Vaugelas.
4. *s'être flatté* : avoir eu la douce illusion.
5. *portez-le moins haut* : prenez des airs moins hautains (métaphore hippique : le cheval qui relève la tête « porte haut »).
6. *je brûle* : je suis impatiente.
7. *je voi* : orthographe étymologique conservée pour la rime.
8. *empire* : maîtrise.
9. *et* : et aussi.

J'ai tort, je le confesse, et mon âme confuse[1]
1740 Ne cherche à vous payer d'aucune vaine excuse.
J'ai des autres ici méprisé le courroux,
Mais je tombe d'accord de mon crime[2] envers vous.
Votre ressentiment, sans doute•, est raisonnable[3] :
Je sais combien je dois vous paraître coupable,
1745 Que toute chose dit que j'ai pu vous trahir,
Et qu'enfin vous avez sujet de me haïr.
Faites-le, j'y consens.

ALCESTE

     Hé ! le puis-je, traîtresse ?
Puis-je ainsi triompher de toute ma tendresse ?
Et quoique avec ardeur[4] je veuille vous haïr,
1750 Trouvé-je un cœur en moi tout prêt à m'obéir ?
  (À Éliante et Philinte.)
Vous voyez ce que peut une indigne[5] tendresse,
Et je vous fais tous deux témoins de ma faiblesse.
Mais, à vous dire vrai, ce n'est pas encor tout,
Et vous allez me voir la pousser jusqu'au bout,
1755 Montrer que c'est à tort que sages on nous nomme,
Et que dans tous les cœurs il est toujours de l'homme[6].
  (À Célimène.)
Oui, je veux bien, perfide, oublier vos forfaits ;
J'en saurai, dans mon âme, excuser tous les traits,
Et me les couvrirai[7] du nom d'une faiblesse
1760 Où[8] le vice du temps porte votre jeunesse,
Pourvu que votre cœur veuille donner les mains[9]
Au dessein que j'ai fait de fuir tous les humains,
Et que dans mon désert[10], où j'ai fait vœu de vivre,

---

1. *confuse* : confondue, honteuse ; ou bien : troublée, incertaine.
2. *crime* : action blâmable.
3. *est raisonnable* : a des raisons valables.
4. *avec ardeur* : porte sur *veuille* et non sur *haïr*.
5. *indigne* : injuste ou injustifiée (qui ne mérite pas, ou qui n'est pas méritée).
6. *il est de l'homme* : il y a de la faiblesse humaine.
7. *me les couvrirai* : les excuserai à mes propres yeux.
8. *où* : à laquelle.
9. *donner les mains* : consentir à.
10. *désert* : maison de campagne (voir v. 144).

Vous soyez, sans tarder, résolue à me suivre :
1765 C'est par là seulement que, dans tous les esprits,
Vous pouvez réparer le mal de vos écrits,
Et qu'après cet éclat[1], qu'un noble cœur abhorre,
Il peut m'être permis de vous aimer encore.

CÉLIMÈNE

Moi, renoncer au monde avant que de vieillir,
1770 Et dans votre désert aller m'ensevelir !

ALCESTE

Et s'il faut[2] qu'à mes feux votre flamme réponde,
Que vous doit importer tout le reste du monde ?
Vos désirs avec moi ne sont-ils pas contents[3] ?

CÉLIMÈNE

La solitude effraye une âme de vingt ans :
1775 Je ne sens point la mienne assez grande, assez forte,
Pour me résoudre à prendre un dessein[4] de la sorte[5].
Si le don de ma main peut contenter vos vœux,
Je pourrai me résoudre à serrer de tels nœuds[6] ;
Et l'hymen...

ALCESTE

         Non : mon cœur à présent vous déteste,
1780 Et ce refus lui seul fait plus que tout le reste.
Puisque vous n'êtes point, en des liens si doux,
Pour trouver[7] tout en moi, comme moi tout en vous,
Allez, je vous refuse, et ce sensible outrage
De vos indignes fers[8] pour jamais[9] me dégage.
(Célimène se retire, et Alceste parle à Éliante.)

---

1. *éclat* : scandale.
2. *s'il faut* : s'il est vrai que.
3. *contents* : comblés.
4. *dessein* : résolution.
5. *de la sorte* : de cette sorte.
6. *nœuds* : union.
7. *pour trouver* : capable de trouver, ou disposée à trouver.
8. *fers* : amour (comme au v. 1790).
9. *jamais* : toujours (comme au v. 1802).

1785 Madame, cent vertus ornent votre beauté,
Et je n'ai vu qu'en vous de la sincérité ;
De vous, depuis longtemps, je fais un cas extrême ;
Mais laissez-moi toujours vous estimer de même ;
Et souffrez* que mon cœur, dans ses troubles divers,
1790 Ne se présente point à l'honneur de vos fers[1].
Je m'en sens trop indigne, et commence à connaître[2]
Que le Ciel pour ce nœud ne m'avait point fait naître ;
Que ce serait pour vous un hommage trop bas
Que le rebut[3] d'un cœur qui ne vous valait pas ;
1795 Et qu'enfin...

ÉLIANTE

        Vous pouvez suivre cette pensée :
Ma main de se donner n'est pas embarrassée ;
Et voilà votre ami, sans trop m'inquiéter[4],
Qui, si je l'en priais, la pourrait accepter.

PHILINTE

Ah ! cet honneur, madame, est toute mon envie,
1800 Et j'y sacrifierais et mon sang et ma vie.

ALCESTE

Puissiez-vous, pour goûter de vrais contentements,
L'un pour l'autre à jamais garder ces sentiments !
Trahi de toutes parts, accablé d'injustices,
Je vais sortir d'un gouffre où triomphent les vices,
1805 Et chercher sur la terre un endroit écarté
Où d'être homme d'honneur on ait la liberté.

PHILINTE

Allons, madame, allons employer toute chose,
Pour rompre le dessein que son cœur se propose.

---

1. *ne se présente point à l'honneur de vos fers* : ne demande pas l'honneur de vous épouser.
2. *connaître* : reconnaître.
3. *le rebut d'un cœur* : ce qu'a refusé un cœur (celui de Célimène).
4. *sans trop m'inquiéter* : sans que je m'inquiète trop.

Compréhension

• **Les personnages**

1. *Dans les billets lus en scène, les portraits esquissés par Célimène vous paraissent-ils exacts, dans leur brièveté mordante ?*

– *Célimène*

2. *Les lettres découvrent-elles quelque chose de nouveau en elle ? Approfondissent-elles la connaissance du personnage ? Quels motifs ont pu lui faire rédiger ces billets ? Accordez-vous une valeur particulière à l'affirmation d'Oronte, au vers 1701 ?*

3. *La confession de la «traîtresse» : sur quel ton la dire ? Hypothèses : Célimène réellement repentante et touchante ? Célimène repentante, mais lasse, et déjà ailleurs ? N'oubliez pas que le terme «haïr» n'a pas à l'époque le sens que nous lui donnons aujourd'hui.*

– *Alceste*

4. *Égal à lui-même ? Dans cette scène du coup de théâtre, ses sentiments envers Célimène évoluent-ils à un moment ou à un autre ? Est-il comique ?*

5. *Pensez-vous avec un critique que la fuite dans le «désert» soit en partie commandée «par sa déception sur son propre compte», qui se manifesterait dans les vers 1751-1756 ? Relisez les «attaques» de ses répliques à la première scène de la pièce (v. 5, 35, 41), et leurs conclusions (v. 12, 61, 69) : peut-on dire qu'Alceste n'est plus, à la fin, l'homme qu'il était au commencement ?*

• **Les circonstances**

6. *Dans quelle mesure la première partie de la scène (v. 1669-1732) est-elle une récapitulation de l'ensemble de la pièce (scènes, fragments de scènes, incidents et affrontements) ?*

7. *Scène tendue de bout en bout. Laisse-t-elle place au rire, à la détente par instants ?*

• **La signification**

8. *Cette scène, à cause des révélations apportées par les billets, est-elle, finalement, le triomphe d'Alceste ? Vous amène-t-elle à revoir le jugement que vous portiez sur lui au début de l'œuvre ?*

9. *Diriez-vous, avec un critique, que si toute cette société est fon-*

dée sur «*l'art de plaire*» (entendu dans tous les sens), Le Misanthrope *est une «mise en question» de ces fondements?*

10. *Vingt ans après :* «*Célimène et le Cardinal*». *En 1992, un auteur, J. Rampal, a fait jouer à Paris, par deux anciens interprètes des deux rôles principaux du Misanthrope, Ludmila Mikhaël et Gérard Desarthe, une suite à l'œuvre de Molière (en vers). Alceste est devenu un homme d'Église important, Célimène est la mère de quatre enfants. Ils se rencontrent... Deux mondes différents, sans communication. Le dénouement de Molière vous satisfait-il? Éprouvez-vous le besoin de le compléter? Et comment? La suite écrite sous la forme signalée ci-dessus vous satisfait-elle?*

Écriture

11. *Le Molière des comédies-ballets n'est jamais loin, on l'a déjà vu. Le dramaturge aime les échanges réglés, la symétrie prolongée des répliques : relevez-les dans la première partie de la scène (v. 1669-1732). Ces symétries des interventions aident-elles à la mise en scène?*

12. *Par les portraits, cette scène est symétrique de la scène 4 de l'acte II, elle en est même l'inverse par la situation de Célimène, qui en est toujours l'auteur. Préférez-vous les portraits en vers, ou les esquisses en prose? Dans celles-ci, dégagez le patron commun.*

Mise en scène

13. *La chute de la «maison Célimène». Inverse de la scène des portraits à l'acte II, celle-ci est la dispersion d'une petite société, ou petite cour. Comment la mise en scène (lumières, placement des acteurs) peut-elle faire sentir cette inversion?*

14. *Personnage muet jusqu'au vers 1716, Alceste est-il en retrait durant la lecture des billets et ses conséquences immédiates? A-t-il une place signifiante?*

15. *Comment imaginez-vous les sorties des personnages? Celle de Célimène en particulier? Chaque sortie est-elle une sorte de signature du personnage? Rappelez-vous la façon dont chaque acteur était entré.*

Bilan

L'action

Dans quelle mesure le premier acte posait-il les éléments d'une action ? Elle apparaissait peu distincte, le dernier acte le confirme : le spectateur s'est-il vraiment interrogé, en cinq actes, sur l'avenir des rapports entre Alceste et Célimène ? Le Misanthrope, pièce à part, tableau de société (de sociétés) avant tout ?

Cependant – et c'est la révélation spectaculaire – cette société se fêle. Dans la coulisse, Arsinoé, les marquis, l'une par vengeance, les autres par jeu, ont enclenché un processus : les manœuvres de l'adversaire d'Alceste en justice, dénoncées en début d'acte, prennent rétrospectivement une valeur exemplaire pour l'ensemble des rapports sociaux.

Les personnages

• **Alceste,** *malade de sa «bile noire», pouvait-il évoluer ? Le noir ouvre l'acte («fausseté noire» de son adversaire, v. 1494), il le referme après si juste «Dans ce petit coin sombre avec mon noir chagrin» (sc. 1, v. 1584). Face au noir «brille l'artifice» (sc. 1, v. 1497) : mais c'est aussi le brillant de Célimène dont l'artifice va éclater.*

• **Célimène** *est-elle «démasquée»? La lumière est-elle faite sur elle ? Ou le spectateur n'en vient-il pas progressivement à s'interroger sur elle ? À la limite, ne désirerait-il pas maintenant lire une biographie de Célimène ?*

Elle est virtuose dans le maniement des formes mondaines du langage ; mais c'est par lui aussi qu'elle tombe. Elle a eu le tort d'écrire, comme la diabolique Marquise de Merteuil des Liaisons dangereuses.

• **Arsinoé et les autres** *ont montré que la mondanité est féroce. «Commerce du monde» : commerce, oui, où il faut flatter, flatter encore, en laissant croire qu'on donne l'exclusive, pour être payé de retour et se mettre à l'abri des coups bas. Comment flatter chacun comme il veut l'être, sans laisser de traces compromettantes ? On s'écrit beaucoup de billets : mais ces armes de séduction deviennent artisans de perdition.*

Ci-contre, Jacques Weber (Alceste) et Emmanuelle Béart (Célimène), mise en scène de Jacques Weber, théâtre de la Porte Saint-Martin, 1990.

DATES	ÉVÉNEMENTS HISTORIQUES	VIE ET ŒUVRE DE MOLIÈRE
1610	Règne de Louis XIII.	
1620		
1621		
1622	Richelieu cardinal.	Naissance de Jean-Baptiste Poquelin (futur Molière) à Paris (15 janvier). Son père est tapissier du roi.
1623		
1629	Fondation de la Cie du Saint-Sacrement.	
1633		Études au collège de Clermont (Jésuites) ; puis droit à Orléans. Molière fréquente les milieux libertins.
1634		
1635	La France entre dans la guerre de Trente Ans.	
1636		
1637		
1639		
1640		
1642	Mort de Richelieu.	L'appel du théâtre.
1643	Mort de Louis XIII. Régence d'Anne d'Autriche, gouvernement de Mazarin.	Molière fonde avec Madeleine Béjart l'Illustre-Théâtre.
1645		Molière et sa troupe en tournée dans le Midi (Guyenne, Languedoc).
1647		
1648	La Fronde (→ 1652).	
1650		
1651		
1654	Sacre de Louis XIV.	
1655		À Lyon, *L'Étourdi*.
1656		À Béziers, *Le Dépit amoureux*.
1658	Mort de Cromwell.	Molière à Paris : la troupe s'installe au Petit-Bourbon où elle joue en alternance avec les comédiens italiens.
1659	Paix des Pyrénées.	*Les Précieuses ridicules*.
1660	Louis XIV épouse M.-Th. d'Autriche.	*Sganarelle*.
1661	Mort de Mazarin. Règne personnel de Louis XIV. Arrestation de Foucquet.	Salle du Palais-Royal. *Dom Garcie*. *L'École des maris*. *Les Fâcheux*.
1662	Colbert ministre. Mlle de la Vallière favorite.	Mariage avec Armande Béjart. *L'École des femmes*.
1663		*La Critique de l'École des femmes*. *L'Impromptu de Versailles*. Lutte contre la « cabale ».
1664	Formulaire antijanséniste imposé au clergé. Condamnation de Foucquet.	Fête des *Plaisirs de l'Ile enchantée*. Interdiction du *Tartuffe*.
1665		*Dom Juan*. La troupe devient Troupe du Roi.
1666	Mort d'Anne d'Autriche.	*Le Misanthrope*. *Le Médecin malgré lui*.
1667	Mme de Montespan favorite.	
1668	Traité d'Aix-la-Chapelle.	*Amphitryon. George Dandin. L'Avare*.
1669		*Monsieur de Pourceaugnac*. *Tartuffe* autorisé.
1670	Mort de Madame.	Les dernières années. *Le Bourgeois gentilhomme*.
1671		*Psyché. Les Fourberies de Scapin*. *La Comtesse d'Escarbagnas*.
1672	Guerre de Hollande.	*Les Femmes savantes*.
1673	Prise de Maestricht.	*Le Malade imaginaire*. (17 février) mort de Molière.

ÉCRIVAINS-LITTÉRATURE	VIE CULTURELLE	DATES
H. I. d'Urfé, *L'Astrée*. Tirso de Molina, *L'Abuseur de Séville*. Naissance de La Fontaine.	Invention du microscope.	1610 1620 1621 1622
Naissance de Pascal. Corneille, *Mélite*.	Théophile de Viau brûlé en effigie. Galilée, *Les lois du mouvement des astres*. Condamnation de Galilée.	1623 1629 1633
Corneille, *La Place royale*.	Fondation de l'Académie française.	1634 1635
Corneille, *Le Cid*. Descartes, *Discours de la Méthode*. Naissance de Racine. Corneille, *Horace*.	L'*Augustinus* de Jansénius.	1636 1637 1639 1640
Corneille, *Cinna, Polyeucte*.	Mort de Galilée. Arrivée à Paris de Lulli.	1642 1643
Naissance de La Bruyère. Vaugelas, *Remarques sur la langue française*. Scarron, *Virgile travesti*. Mort de Descartes. Scarron, *Le Roman comique* (1ʳᵉ partie).	Gassendi au Collège de France, édification du Val de Grâce. Académie royale de peinture et sculpture. Pascal : la machine arithmétique.	1645 1647 1648 1650 1651
Mlle de Scudéry, *Clélie, histoire romaine*. Pascal, *Les Provinciales*.		1654 1655 1656
    La Mothe Le Vayer, *Prose chagrine*.		1658 1659 1660 1661
La Rochefoucauld, *Mémoires*. Mort de Pascal. Boileau, *Satire VII*. Corneille, *Othon*.	 Approbation du devis de la galerie d'Apollon à Versailles. Structuration de l'Académie de Peinture.	1662 1663 1664
La Rochefoucauld, *Maximes*. Racine, *Alexandre*. Boileau, *Satires I-VI*. Furetière, *Le Roman Bourgeois*. Racine, *Andromaque*. La Fontaine, *Fables I-VI*. Racine, *Britannicus*.	Création de la Manufacture des Glaces. Installation de l'Académie des Sciences. Construction de l'Observatoire.	1665 1666 1667 1668 1669
Pascal, *Pensées*, éd. «de Port-Royal». Racine, *Bérénice* – Corneille, *Tite et Bérénice*. Nicole, *Essais de Morale*. Racine, *Bajazet*. Racine, *Mithridate*.	Construction du Trianon de porcelaine. Bossuet, précepteur de Monseigneur. Travaux du grand escalier de Versailles. Création de l'Académie d'Architecture. Lully : Académie royale de Musique. Lully, *Cadmus et Hermione* (premier opéra français).	1670 1671 1672 1673

MOLIÈRE ET SON TEMPS

ENTRE ESTHÉTIQUE, MORALE ET POLITIQUE

Dans la littérature, comme dans les événements de l'époque, se mêlent très souvent enjeux esthétiques et enjeux politiques. Prenons pour exemple les fêtes données en 1661 par le surintendant Foucquet à Vaux-le-Vicomte, et la « réponse » royale des *Plaisirs de l'Île enchantée,* en mai 1664, à Versailles.

Une fête baroque

•

Foucquet, responsable des finances du royaume depuis 1653, aspire à être le principal ministre de Louis XIV. Il invente une fête superbe, au château de Vaux : Molière y donne *Les Fâcheux,* dont le schéma est réutilisé dans *Le Misanthrope.* Foucquet invite le roi ; il ignore que ce dernier a déjà machiné sa perte, avec Colbert. La fête se déroule le 17 août 1661 avec un faste inouï ; le 5 septembre, Foucquet est arrêté...

> Dans le danger le plus pressant, il [Foucquet] a confié son salut à ce que le Baroque a inventé de plus fuyant et de plus inconstant : des jets d'eau, des feux d'artifice, le trompe-l'œil [...] Cette parade était au raisonnement politique ce que la parure était alors à l'homme : non pas vraiment une manière de dissimuler, de cacher, de mentir, mais le moyen efficace de s'élever, d'acquérir le surcroît de dignité et de puissance dont il avait le plus pressant besoin. [...] La Fête de Vaux est exemplaire en ce qu'elle nous fait comprendre comment se superposent et se mêlent le combat moral, le combat politique et le combat esthétique.

Philippe Beaussant, *Versailles Opéra,* Gallimard, 1981, pp. 40-42.

Un conte merveilleux

Du 6 au 13 mai 1664 se déroule, à l'initiative de Louis XIV, une fête prodigieuse, une semaine de divertissements de cour ; jeux et soupers, galanterie et «machines», ballets et feux d'artifice : ce sont *Les Plaisirs de l'Île enchantée.*

Molière prête son concours empressé à «ce conte de fées imaginé par le Roi», selon le mot de son historien F. Bluche. En toile de fond, une fiction tirée de l'auteur italien l'Arioste, alors très en vogue, auteur de textes remplis de merveilleux. Une magicienne, Alcine, dont la littérature de la Renaissance et de l'âge classique est éprise, retient par ses charmes de nombreux chevaliers (Alcine, Célimène ?...). Danse, tournois, promenades et festins, comédie et musique font partie de ses enchantements.

«Le Roi a entraîné les principaux du royaume dans l'étincelant sillage des cavaliers de l'Arioste ; modelant, sculptant, ciselant la cour.» (F. Bluche, *op. cit.,* p. 271.)

Un monarque chorégraphe

•

Nul homme mieux que Louis XIV n'a conçu la vie comme une représentation, l'ordonnance de la vie comme un ballet, le cadre de la vie comme un décor, et le vêtement comme une parure. [...] Le XVIIᵉ siècle est l'âge d'or de la danse, comme fait de civilisation et de société. [...] La danse n'est plus pour nous, et depuis longtemps, qu'un divertissement sans conséquence. C'est le sérieux avec lequel on la pratiquait qui doit au contraire nous frapper aujourd'hui. C'était une cérémonie : la cérémonie solennelle par laquelle l'homme célébrait sa dignité. C'était l'instant privilégié où il était le plus réellement, le plus intensément lui-même, le plus spectaculairement lui-même [...] : nature modelée, transformée, «polie» par l'art.

Ph. Beaussant, *op. cit.,* pp. 38-39.

UNIFORMISATION DES SENSIBILITÉS ?

Du côté de Port-Royal

•

Autour du jeune roi gravitent des conseillers religieux, membres ou amis de la compagnie de Jésus. Leur influence, et aussi son «sens de l'État, l'obsession de l'unité française, son rêve d'uniformisation des sensibilités l'ont orienté dès 1661 vers une politique sciemment hostile à Port-Royal». (F. Bluche, *op. cit.,* p. 311) Cette hostilité déclenche la grande persécution contre les jansénistes de Port-Royal, en 1664. La pièce de Montherlant, *Port-Royal* (1954), montre la journée d'août 1664, où l'archevêque de Paris et les forces de l'ordre dispersent les sœurs de Port-Royal et les envoient en captivité dans divers couvents. Or «les grands noms de la cour et de la robe adhéraient à la sensibilité augustinienne», rappelle F. Bluche *(op. cit)*. Certes, le monde du *Misanthrope* est radicalement laïque. Le «désert» d'Alceste n'est pas celui que prônent les «Solitaires» (les «Messieurs» de Port-Royal). Mais, sans faire d'Alceste un disciple de Jansenius, il n'est peut-être pas arbitraire de réunir le personnage de Molière et Port-Royal dans un même mouvement centrifuge par rapport au centre éblouissant. Ils se retirent ou sont rejetés loin des feux du Roi-Soleil.

La «guerre aux passions tristes»

•

De l'ombre, du «petit coin sombre», à l'humeur noire, il n'y a qu'un pas. Certes, l'humeur noire est le terrain pathogène par

145

excellence, où germent les maladies mentales de toutes sortes, qui engendrent autant de troubles pour la sociabilité. Mais, pour tout un courant de pensée, à la Renaissance, ce qui peut faire sombrer l'esprit dans la démence lui procure également parfois les plus hautes illuminations.

Marc Fumaroli a, dans un très bel article, montré que la France de Louis XIV devenait un véritable «quartier général d'une guerre aux passions tristes» («Classicisme et maladie de l'âme», *Le Débat,* Gallimard, n° 29, mars 1984). Cette «mélancolie», «concept valise qui désigne toutes les formes de maladie de l'âme, nos névroses» (p. 94), exaltée par les poètes comme Ronsard (poète, aussi, des *Folâtries*), par les médecins du XVIe siècle, l'«aura héroïque» qui l'entourait, seront combattues. L'œuvre culturelle de Louis XIV? Une libération des fascinations de la tristesse, une «démystification» de la grandeur que l'opinion savante lui attribuait.

Classicisme et enjouement

•

Pour cette démystification, «le rôle des jésuites "éducateurs de la société française" au XVIIe siècle fut décisif. [...] Les manuels classiques de pédagogie jésuite insistent sur un climat d'enjouement dans la communauté scolaire». D'autre part :

> La «mélancolie» cesse de siéger dans les genres nobles. Ramenée dans la sphère de la comédie, ou fixée dans les rôles odieux de la tragédie, elle y est vouée au ridicule ou à l'échec. [...]
> En ce sens, le chef-d'œuvre du classicisme français, où il résume son essence, est Le Misanthrope. [...] La passion mal placée d'Alceste pour la coquette Célimène est une maladie de l'âme, qui prend son origine dans une opinion fausse que celle-ci se laisse dicter par son désir (M. Fumaroli, *art. cit.* pp. 93-94).

ENJEUX D'UNE CHANSON

«Cette grande raideur des vertus des vieux âges» (v. 153) : la formule de Philinte est riche d'implications. Sa tirade, la chanson d'Alceste, et les échanges de la scène 1 de l'acte V montrent que, pour Alceste, critique morale, critique esthétique et critique politique sont solidaires. Le passéisme du goût n'est pas chez lui un trait isolable : en effet, la solidarité entre esthétique et morale chez des auteurs comme Boileau, La Bruyère, Fénelon, plus tard, peut et doit permettre de donner sens à la chanson qu'il oppose au sonnet. Chanson et sonnet sont la face littéraire d'un ensemble culturel et politique au sens large.

La référence au Fénelon de la *Lettre à l'Académie* (1716) n'a rien d'anachronique : chez lui les jugements esthétiques évoquent toujours la nostalgie d'un âge d'or. Il faut lire les belles pages du chapitre X, «Sur les Anciens et les Modernes», aboutissement de l'ouvrage, où est louée la «frugalité» des mœurs qu'Homère dépeint :

> *Ceux qui cultivent leur raison, et qui aiment la vertu, peuvent-ils comparer le luxe vain et ruineux, qui est en notre temps la peste des mœurs et l'opprobre de la nation, avec l'heureuse et élégante simplicité que les Anciens nous mettaient sous les yeux ?*

ALCESTE, L'ANTI-BAROQUE

> *J'appelle baroque la civilisation qui a ainsi fait de toutes les manifestations de la vie une sorte de théâtre, en privilégiant et en exaltant dans l'homme le spectacle qu'il présente aux yeux des autres.*
>
> Ph. Beaussant, *op. cit.*, p. 39.

Dès sa première conversation avec Célimène, Alceste, en faisant le portrait de Clitandre, se définit par une vigoureuse opposition à ce monde caractérisé par «la relation complexe, subtile, ambiguë, de la vérité et du mensonge, du visage et du masque, du naturel et de l'appris» *(ibid.)*. À cet univers, à la fois politique et esthétique, chorégraphique et moral, Molière donne son adhésion, fidèle serviteur du Roi-Apollon, menant le ballet.

> *Alceste incarne et réfute l'idéalisme réformateur que Molière a dépeint en lui de la façon la plus défavorable [...] Molière a transformé un débat général, dont la société pouvait sortir mal en point, en un débat intime dont celui-là seul qui en est le théâtre sort ridicule [...] : la manière dont il a façonné son Alceste est à elle seule une véritable argumentation contre la vertu exigeante et réformatrice.*
>
> P. Bénichou, *Morales du Grand siècle*, Gallimard, 1948, pp. 211-212.

D'essence classique, la guerre à la mélancolie, les normes contraignantes de sociabilité, la politesse et l'enjouement. Baroques, le goût de la parade et de la profusion, les jeux de miroirs. Classique, le palais de Versailles dont la construction se poursuit. Baroque, la galerie des Glaces qui en est le fleuron. *Le Misanthrope* met en lumière l'enchevêtrement des tendances esthétiques propres à son époque, et dont la cour est le théâtre privilégié.

SOURCES AUTOBIOGRAPHIQUES

Un journal intime ?

•

Antoine Vitez, peu suspect d'entretenir certaines traditions universitaires de critique biographique quelque peu infécondes, voyait «dans cette œuvre comme le journal intime des terreurs du poète : ainsi la femme, Célimène comme Agnès, y est à la fois un monstre dévorant et une petite fille au cerceau. Implacable ennemie du sujet unique de toute l'œuvre, l'homme, au centre, J.-B. Poquelin lui-même, renversant sur scène la malle de sa vie secrète». Mais on se gardera d'une assimilation simpliste :

> *Cet auteur est acteur et prend tour à tour tous les personnages [...].*
> *Le poète ne peut faire autrement que donner à l'autre, antagoniste,*
> *toutes les armes pour se défendre. Cependant, c'est de lui-même*
> *toujours qu'il parle. Il projette de sa propre vie une ombre*
> *déformée, noble comme celle d'Alceste, ignoble comme celle de*
> *Sganarelle, méchante comme celle de Don Juan, perverse comme*
> *celle de Scapin ; toujours il souffre et se donne en spectacle [...].*
> Revue *Comédie-Française*, avril 1989, n° 175, p. 4.

R. Jasinski voyait déjà dans cette pièce «un des chefs-d'œuvre de la littérature personnelle», projection assez rare dans la littérature classique. Aussi bien, le comédien de la troupe La Grange nous dit-il que Molière, après avoir «joué tout le monde», se serait «joué le premier en plusieurs endroits sur des affaires de sa famille et qui regardaient ce qui se passait dans son domestique».

Armande-Célimène

•

Alceste aurait-il eu une fonction cathartique pour son créateur ? En d'autres termes, aurait-il purgé Molière, l'époux d'Armande Béjart, d'une amertume exacerbée par les déboires de toute sorte en ces années 1664-1665 ? R. Jasinski a minutieusement précisé les aspects autobiographiques de l'œuvre. Les rivalités entre femmes de la troupe, la Du Parc, la De Brie, Armande Béjart, auraient été transposées dans l'œuvre.

> *Sous le symbolisme, transparent pour les initiés, de la mésentente*
> *entre Alceste et Célimène, Le Misanthrope a pu être conçu comme*
> *une suprême exhortation, achevé comme une menace ou déjà la*
> *consécration d'un état de fait. Vis-à-vis d'Armande, il a manqué*
> *son but. Mais il n'en a pas moins contribué à sauver Molière du*
> *désespoir.*
> R. Jasinski, *Molière et Le Misanthrope,* Armand Colin, 1951, p. 67.

Portrait de Molière en malade?
•

«Les années 1665-1666 sont celles où Molière prend conscience que ce qu'il croyait troubles passagers est maladie durable» (G. Couton, éd. du *Misanthrope*, *Œuvres complètes* de Molière, Pléiade, t. II, «Notice», p. 127). La haine de cette sinistre bouffonnerie que constitue désormais pour lui la médecine tourne à une étrange obsession. Elle s'accompagne d'une curiosité redoublée pour la physiologie, la pathologie. «Les humeurs individuelles prennent à ses yeux toute leur valeur.» Ainsi, déconvenue, désespoir, affres de la jalousie, tout chez Alceste serait pris sur le vif.

Mais ici éclate la différence entre le créateur et la créature, car Alceste, lui, «ne peut rire de lui-même pas plus qu'il ne peut rire des autres. Avec une vision du monde toute pareille à celle de Molière, il ne peut faire une comédie» (R. Fernandez, *Molière ou l'essence du génie comique*, Grasset, 1979, p. 191).

QUAND MOLIÈRE INSPIRE MOLIÈRE

Faut-il aller chercher ailleurs que dans l'œuvre de Molière les sources du *Misanthrope*? On a vu (p. 6) combien la pièce était un aboutissement : de canevas, de types, de rapports entre personnages, pris dans l'ensemble de la production de l'auteur. La particularité d'Alceste est d'être à la fois de la lignée d'un prince, Dom Garcie de Navarre, héros de la «comédie héroïque» du même nom (1661), et d'une ascendance bouffonne, héritier du Sganarelle. L'acteur Molière se réservait des rôles fortement comiques, outrés même. C'est Mascarille, le faux marquis des *Précieuses ridicules,* que l'on retrouve ici dans les vrais marquis; c'est Arnolphe, c'est Orgon, réincarnations du Sganarelle.

Alceste bouffon
•

Gustave Lanson a montré comment Molière avait d'abord conçu le caractère sous la forme du masque italien, emprunté par les farceurs français. «Le Sganarelle est barbouillé, moustache et sourcils fortement accusés au charbon.» C'est un paysan ou un bourgeois. Il donne la fixité d'un masque à Alceste, la raideur, et, comme le note encore Lanson, «chez Molière le sentiment intérieur qui se pousse au-dehors met tout l'homme en branle, et le discours s'accompagne d'une grimace, d'une posture» (*Essais de méthode de critique et d'histoire littéraire,* Hachette, 1965, pp. 199 et 204). À son tour, René Bray a mis en évidence, et de façon systématique, la dette de Molière auteur envers Molière acteur : «Conception de farceur que celle qui gouverne la construction d'un caractère dans la comédie de Molière !» (*Molière homme de théâtre*, Mercure de France, 1954, p. 260.) Ainsi le personnage n'est-il pas susceptible de correction, il est enfermé dans une détermination dont il ne peut s'affranchir. «C'est pourquoi le dénouement du *Misanthrope* ne dénoue rien : l'aventure recommencera demain, l'homme aux rubans verts ne sera pas moins amoureux ni moins atrabilaire» (p. 261).

Typologie de Sganarelle
•

> *Sganarelle est toujours assez âgé, mûrissant ou vieillissant. Il est mari, tuteur ou père cinq fois sur six, c'est-à-dire destiné à être la victime des femmes et la dérision des amants.*
>
> René Bray, *op. cit.*, p. 260.

Alceste est certes un homme jeune, mais il garde des traits essentiels de cette sorte de masque qu'est Sganarelle. Jaloux, colérique, il aspire à un mariage mal assorti, et subit les événements.

Mais la psychologie est ici l'effet d'un jeu scénique, réalité première autour de laquelle croît le personnage. On sait que Molière excellait dans les jeux de physionomie, la mobilité du regard, la gesticulation ridicule ; on retiendra, parce que cet aspect a été mis en lumière plus loin, l'inaptitude du Sganarelle à la danse, dans une civilisation qui fait de l'homme de cour un chef-d'œuvre vivant. Enfin, trait important ici, il est habillé de façon démodée, portant la «fraise» ou la moustache large ; ses rubans verts surtout en font à eux seuls une réincarnation du Sganarelle : qu'on relise en effet la description donnée par Martine dans *Le Médecin malgré lui* (I, 4), «C'est un homme extraordinaire, fantasque, bizarre, quinteux [...] Il va vêtu d'une façon extravagante [...] C'est un homme avec un habit jaune et vert.» À quoi l'on reconnaît le costume du... bouffon, selon le code des couleurs. Or le bouffon peut être aussi le sage, selon le renversement illustré par l'*Éloge de la folie* d'Érasme, et maintes pages de Rabelais, sans exclure Montaigne.

Alceste et le prince
•

Des scènes entières du *Misanthrope* sont des réécritures de *Dom Garcie de Navarre,* comédie héroïque de 1661, qui avait été un échec. Éliante reconnaîtra dans la sincérité exigeante d'Alceste «quelque chose en soi, de noble et d'héroïque», ajoutant : «C'est une vertu rare au siècle d'aujourd'hui» (v. 1165-1166). Mais, rappelle R. Jasinski, il y a de l'amant trompé chez lui, et ses «éclats, poussés jusqu'à la caricature, sont vite contredits par ses faiblesses et confinent ainsi à la rodomontade». C'est que le travail de Molière, «jeu d'additions et de transpositions», a changé profondément chaque passage : car, en proie à une jalousie pathologique, Dom Garcie, lui, provoquait des malentendus tragiques. Faut-il voir dans le «retour» de cette œuvre une revanche de Molière, qui règle des comptes avec le grand style ? Il avait été fasciné par le théâtre de Corneille ; est-ce ici une parodie du registre tragique, après l'échec de *Dom Garcie* ?

MOLIÈRE PHILOSOPHE ?

Sourcier du *Misanthrope,* R. Jasinski a décelé de nombreuses ressemblances avec les œuvres du philosophe La Mothe le Vayer, dont les textes avaient été publiés en 1654, 1656, 1662. Le critique confronte la pièce et l'opuscule paru en 1661, *Prose chagrine.*

– Détermination nette du caractère par les «humeurs» :

> *Le vinaigre est le dissolvant des plus belles perles, et la mélancolie, qui tient beaucoup de sa nature, a le pouvoir de convertir le plaisir même en tristesse, et ce qui devrait faire notre joie en sensibles déplaisirs.*

– Tentation du désert, puis résignation sereine :

> *À la vérité, les disgrâces de la vie sont bien plus fréquentes que les satisfactions, et ce n'est pas sans sujet qu'on a dit que pour acquérir la réputation de grand prophète, il ne fallait qu'annoncer beaucoup de malheurs à venir. Mais puisque ces mêmes malheurs ne se peuvent éviter, [...] pourquoi les augmenterons-nous par notre impatience et par un chagrin déraisonnable ?*

On peut voir en effet dans Philinte et Alceste l'opposition léguée par la tradition humaniste d'Héraclite et de Démocrite, les deux philosophes grecs, l'un pleurant sur les folies des hommes, l'autre riant. À partir d'une revue des folies humaines, La Mothe le Vayer en était venu à une sagesse exigeant le renoncement à soi, tout en pratiquant la culture de soi. Mais détaché de fait de la religion chrétienne, il ne faisait pas appel à la grâce divine. Contre l'exaltation cornélienne de la volonté, attentif, en clinicien, aux faiblesses psycho-somatiques, l'essai de La Mothe le Vayer se proposait de faire s'évaporer les charmes morbides du «chagrin». Ce texte est, selon le mot de M. Fumaroli, un «monologue thérapeutique», qu'il faut replacer dans un contexte : la démystification de la grandeur attachée à la «mélancolie» par les poètes de la Renaissance comme Ronsard ou L'Arioste (voir p. 144).

XVIIIe SIÈCLE

Jean-Jacques Rousseau

•

Je trouve que cette comédie nous découvre mieux qu'aucune autre la véritable vue dans laquelle Molière a composé son théâtre, et nous peut mieux faire juger de ses vrais effets. Ayant à plaire au public, il a consulté le goût le plus général de ceux qui le composent : sur ce goût il s'est formé un modèle, et sur ce modèle un tableau des défauts contraires, dans lequel il a pris ses caractères comiques, et dont il a distribué les divers traits dans ses pièces. Il n'a donc point prétendu former un honnête homme, mais un homme du monde, par conséquent il n'a point voulu corriger les vices, mais les ridicules; et, comme j'ai déjà dit, il a trouvé dans le vice même un instrument très propre à y réussir. Ainsi, voulant exposer à la risée publique tous les défauts opposés aux qualités de l'homme aimable, de l'homme de société, après avoir joué tant d'autres ridicules, il lui restait à jouer celui que le monde pardonne le moins, le ridicule de la vertu : c'est ce qu'il a fait dans Le Misanthrope. [...]

Cependant ce caractère si vertueux est présenté comme ridicule. Il l'est, en effet, à certains égards; et ce qui démontre que l'intention du poète est bien de le rendre tel, c'est celui de l'ami Philinte, qu'il met en opposition avec le sien. Ce Philinte est le sage de la pièce; un de ces honnêtes gens du grand monde dont les maximes ressemblent beaucoup à celles des fripons. [...]

On voit bien que le flegme raisonneur de celui-ci est très propre à redoubler et faire sortir d'une manière comique les emportements de l'autre; et le tort de Molière n'est pas d'avoir fait du misanthrope un homme colère et bilieux, mais de lui avoir donné des fureurs puériles sur des sujets qui ne devaient pas l'émouvoir. [...] Molière a mal saisi le misanthrope. Pense-t-on que ce soit par erreur? Non, sans doute. Mais voilà par où le désir de faire rire aux dépens du personnage l'a forcé de le dégrader contre la vérité du caractère. [...]

Ce n'est donc pas par ménagement pour lui que l'auteur adoucit quelquefois son caractère, c'est au contraire pour le rendre plus ridicule. Une autre raison l'y oblige encore, c'est que le misanthrope de théâtre, ayant à parler de ce qu'il voit, doit vivre dans le monde, et par conséquent tempérer sa droiture et ses manières par quelques-uns de ces égards de mensonge et de fausseté qui composent la politesse, et que le monde exige de quiconque y veut être supporté. S'il s'y montrait autrement, ses discours ne feraient plus d'effet. L'intérêt de l'auteur est bien de le rendre ridicule, mais non pas fou; et c'est ce qu'il paraîtrait aux yeux du public s'il était tout à fait sage.

Lettre à M. d'Alembert (1758).

Réponse de d'Alembert à J.-J. Rousseau

•

Vous attaquez, comme une satire cruelle de la vertu, Le Misan-
thrope de Molière. [...] Molière, selon vous, a eu dessein dans cette
comédie de rendre la vertu ridicule. Il me semble que le sujet et les
détails de la pièce, que le sentiment même qu'elle produit en nous
prouvent le contraire. Molière a voulu nous apprendre que l'esprit
et la vertu ne suffisent pas pour la société, si nous ne savons
compatir aux faiblesses de nos semblables et supporter leurs vices
mêmes ; que les hommes sont encore plus bornés que méchants ; et
qu'il faut les mépriser sans le leur dire. Quoique le misanthrope
divertisse les spectateurs, il n'est pas pour cela ridicule à leurs
yeux : il n'est personne au contraire qui ne l'estime, qui ne soit
porté même à l'aimer et à le plaindre.
La seule chose que j'oserai blâmer dans le rôle du misanthrope,
c'est qu'Alceste n'a pas toujours tort d'être en colère contre l'ami
raisonnable et philosophe que Molière a voulu lui opposer comme
un modèle de la conduite qu'on doit tenir avec les hommes.
Philinte m'a toujours paru, non pas absolument, comme vous le
prétendez, un caractère odieux, mais un caractère mal décidé,
plein de sagesse dans ses maximes et de fausseté dans sa conduite.
Rien de plus sensé que ce qu'il dit au misanthrope dans la
première scène, sur la nécessité de s'accommoder aux travers des
hommes ; rien de plus faible que sa réponse aux reproches dont le
misanthrope l'accable sur l'accueil affecté qu'il vient de faire à un
homme dont il ne sait pas le nom. [...]

XIXᵉ SIÈCLE

Stendhal

•

Molière est immoral. À ce mot, je vois les pédants me sourire.
Non, messieurs, Molière n'est pas immoral [...] Molière inspire
l'horreur de n'être pas comme tout le monde. Voyez dans L'École
des Maris Ariste, le frère raisonneur, parler de la mode des
vêtements à Sganarelle, le frère original. Voyez Philinte prêchant le
misanthrope Alceste sur l'art de vivre heureux ; le principe est
toujours le même : être comme tout le monde.

Notes pour *Racine et Shakespeare*, II (vers 1825).

Sainte-Beuve

•

Chez Molière, en face de Sganarelle, au plus haut bout de la scène,
Alceste apparaît ; Alceste, c'est-à-dire ce qu'il y a de plus sérieux,

de plus noble, de plus élevé dans le comique, le point où le ridicule confine au courage, à la vertu. Une ligne plus haut, et le comique cesse, et on a un personnage purement généreux, presque héroïque et tragique. Même tel qu'il est, avec un peu de mauvaise humeur, on a pu s'y méprendre. [...] Sganarelle et Alceste, voilà tout Molière.

Portraits littéraires (1844).

XXᵉ SIÈCLE

André Gide
•

Le sujet prêtait au roman plutôt qu'au théâtre où il faut extériori-ser trop ; les sentiments d'Alceste souffrent de cette expression forcée qui ajoute à son caractère un ridicule de surface et de moins bonne qualité. Les meilleures scènes sont celles où lui-même ne paraît pas. [...] Les sentiments qui font les ressorts de l'intrigue, les ridicules que Molière satirise, comporteraient une peinture plus nuancée, plus délicate, et supportent assez mal ce grossissement, cette érosion des contours que j'admire tant dans Le Bourgeois gentilhomme, le Malade, ou l'Avare.
Voyage au Congo, 24 sept. 1925, Paris, Gallimard, 1947, p. 47.

P. Brisson
•

La position d'Alceste est une position combative [...] Position de refus et d'anti-conformisme, certitude intime, élan irrésistible d'une vérité intérieure. Polyeucte, touché de la grâce, brise les idoles. Alceste, fidèle à son destin, rompt avec le monde [...] Il est de la race des grands pilotes.
Molière, sa vie dans ses œuvres, Paris, Gallimard, 1942, p. 172.

J. Guicharnaud
•

Alceste est à jamais prisonnier de sa propre structure contradic-toire, c'est-à-dire dramatique : refermé sur lui-même et en même temps ouvert sur quelques autres individus qu'il veut absorber tout entiers et sans partage [...] La morale d'Alceste a l'aspect d'un code objectif ; elle n'est en fait inventée ou adoptée que pour le motif le plus subjectif qui soit. S'il fait la guerre aux vices, c'est que les hommes lui échappent.
Molière, Une aventure théâtrale, Paris, Gallimard, 1963, pp. 358 et 378.

ÉCLAT

S'interroger sur la structure de l'œuvre, c'est poser une question de méthode. En effet, si la comédie a une «moralité», n'est-ce pas elle qui va commander la structure de l'œuvre comme la fable de La Fontaine, où le récit est, dans une plus ou moins large mesure, régi par la «moralité»? Dans ce cas, la construction des personnages, pris isolément, ou par groupes, en totalité, mais aussi la nature du dénouement et la marche de l'intrigue orienteraient vers une leçon, ou un centre.

Jean Mesnard, par exemple, a donné une leçon de méthode en récusant toute interprétation du *Misanthrope* qui reposerait sur les seuls personnages de Philinte et d'Alceste, comme c'est le cas la plupart du temps, «manière de briser l'unité de la pièce» : «La leçon à trouver, si elle existe, doit se dégager de la totalité de l'œuvre et constituer un facteur d'unité entre les divers éléments de la création»(«*Le Misanthrope,* mise en question de l'art de plaire» *R.H.L.F.,* 1970, n° 7, p. 864).

«Dans ce petit coin sombre, avec mon noir chagrin»

•

Le théâtre, affrontement pour la conquête de l'espace, totale ou partielle, pour la sauvegarde d'un territoire : c'est le principe et

Dans la mise en scène de J.-P. Vincent (Comédie-Française, 1984) Alceste (J.-P. Aumont) apparaît en costume de voyage. De passage dans le cercle de lumière, dans le brillant salon de Célimène, il continuera son chemin pour finalement se retirer dans son «petit coin sombre».

le parti qu'a pris cette édition. Penser l'œuvre dramatique en termes d'espace d'abord et l'espace, ici, est ombre ou lumière. À la fin de l'œuvre, Alceste, écœuré des manœuvres et des impostures du monde, et elles sont sans limites, dit le lieu qui n'a cessé d'être le sien, depuis le début : [...] *et me laissez enfin/Dans ce petit coin sombre avec mon noir chagrin* (v. 1583-1584), ordonne-t-il à Philinte. Salon de Célimène, brillant de tout l'éclat des railleries, des traits, «petit coin sombre» : deux espaces tout à fait incompatibles. On se prend à dire d'Alceste : «Mais qu'allait-il donc faire dans cette galère ?» Tension de l'œuvre, pourtant : Alceste veut faire éclater et son mérite, et les impostures du monde, dans un spectacle qu'il veut donner à l'univers.

C'est bien par rapport à ce «petit coin sombre» que se disposent les personnages. Plus ou moins éloignés de l'ombre. Ombre et lumière : n'est-ce pas là le théâtre ? Alceste entre l'ombre et la lumière : il attend que Célimène se déclare, au plein sens du terme ; il veut que «le fond de notre cœur dans nos discours se montre» (v. 70). Alceste choisit l'ombre faute d'être assez «éclairé», c'est-à-dire distingué et en possession de certitudes. Dès le début, il est l'homme des «éclats». Succession de «sorties» et de replis, alternance qui le mène où il n'a jamais cessé d'être, au «désert».

Scène vide

•

À la fin, la scène se vide, mouvement exactement inverse de toutes les autres comédies, où elle se peuple au contraire. Dans *L'École des Femmes,* seul Arnolphe quitte la scène, semblable pour beaucoup à Alceste, tous deux réincarnations du Sganarelle. Dans *Le Tartuffe,* la «maison Orgon» se reforme, dissociée par Tartuffe, avec l'expulsion du personnage-titre. Ici, la petite troupe se disperse, le salon de Célimène sombre dans l'obscurité, il se dissout. Si brillante, Célimène est rejetée dans les ténèbres, comme le sera Mme de Merteuil, au dénouement des *Liaisons dangereuses.*

L'action est la décomposition progressive d'une structure initiale :

– du côté de la lumière : les marquis, Oronte, Philinte, Éliante, Célimène ;

– du côté de l'ombre : Alceste.

Mais entre les deux, un dégradé subtil, qui est un des charmes de la pièce.

LES PERSONNAGES :
UN SYSTÈME SOLAIRE

– Apollon solaire : le roi.
– Éclat de la cour : Acaste, Clitandre, Oronte.
– Éclat du salon : la «cour» de Célimène, Philinte, Éliante.
– Lumière déclinante : Arsinoé.
– Le «petit coin sombre» : Alceste.
Les forces de l'ombre, Arsinoé, vont agir et arriver à leurs fins ; très remarquable, la conjonction des forces lumineuses avec elle : en effet, les marquis arrivent avec elle pour le coup de théâtre de l'acte V !

Les marquis
•

Acaste, dans son autoportrait devant son double ébloui (Clitandre), commence par marquer qu'il est aux antipodes du «chagrin» (III, 1, v. 782) ; «chagrin», c'est bien le nom qui correspond à l'adjectif «noir». Tout l'autoportrait est une suite de variations autour de la notion-image de l'éclat ; et n'est-ce pas au théâtre, justement, sur les bancs des privilégiés, sur la scène, qu'il fait «du fracas» ?
Clitandre avait eu droit à un portrait par Alceste, à l'ouverture aussi d'un acte (II, 1). Ici encore, par une admirable continuité métaphorique, le portrait déclinait l'image de l'éclat : *Vous êtes-vous rendu, avec tout le beau monde/Au mérite éclatant de sa perruque blonde ?* (v. 482).

Oronte
•

Oronte rayonne, mais ce rayonnement n'est pas réfléchi cette fois. Il est comme spécialisé : la poésie galante. Certains acteurs lui ont donné l'apparence d'un volatile au plumage éclatant. Avec les marquis, il participe de l'éclat royal, et c'est un trait essentiel dans l'univers de la pièce. On ne l'a pas relevé, et c'est dommage : les uns et les autres diffusent dans le salon l'éclat de la cour. Remarquable paralléllisme : *On sait qu'auprès du Roi je fais quelque figure* (I, 2, v. 290), dit Oronte à Alceste. *Je viens du Louvre où Cléonte au levé* (II, 4, v. 567), dit Clitandre arrivant chez Célimène. Il n'aura rien d'autre à faire que d'aller recueillir, le soir, l'ultime éclat royal, au «petit couché»...

Célimène
•

Est-elle pleinement du côté de la lumière ?
Centre du salon, pétillante d'esprit, elle reçoit les hommages des hommes de cour, porteurs de l'éclat royal. Mais elle est attirée par Alceste ; et une interprète de Célimène, successivement dans *Le Misanthrope* et la «suite» qui en a été donnée à Paris en 1992, Ludmila Mikhaël, affirme qu'elle aime réellement Alceste. D'autre part, elle livre à Alceste des confidences révélant que cette lumière venue des marquis est aussi une lumière subie (II, 1). Est-elle de plain-pied, totalement, avec le monde euphorique et lumineux des hommes de cour ? Avec Oronte, elle n'a jamais d'entretien galant et séducteur, seulement une scène tendue, première et dernière scène, à l'acte V. Si la structure de la pièce est faite des rapports respectifs des personnages à la clarté éclatante et à l'obscur, Célimène présente une face rayonnante, une autre face la tourne vers Alceste, une sorte de soleil noir...

Philinte et Éliante
•

Ils sont, eux, placés un degré en deçà : ni éblouissants, ni prêts à éblouir. Plutôt désabusés, chacun à sa manière, à distance. Dans le système des personnages, leur couple répond à celui des marquis. Philinte serait passé du côté de l'ombre. Il est cependant «flegmatique», son tempérament le ramène du côté de la lumière, mais atténuée, filtrée.

Arsinoé
•

Avec «la prude Arsinoé», nous entrons franchement dans la zone d'ombre. Son duel avec Célimène (III, 4) est celui de l'ombre et de la lumière, éclat de la jeunesse, déclin de la beauté et des grâces. De plus, Arsinoé est la femme de l'ombre ; elle est prête à intriguer dans les coulisses pour propulser Alceste en haut lieu, dans les sphères lumineuses du pouvoir ; souterrainement, elle va saper les positions de Célimène. Enfin, dans son rigorisme, qui n'est pas seulement le fruit du ressentiment et de l'amertume, est-elle si éloignée d'Alceste, condamnant le *trop de perversité* qui *règne au siècle où nous sommes* ? Elle vient de façon structurelle de ce monde de l'ombre mis en scène dans *Le Tartuffe* déjà, avec le personnage-titre, son parent, en un sens.

158

Interdépendance

•

Ainsi la troupe des «acteurs», est-elle constituée en structure ; chaque élément est saisi dans ses relations avec les autres, dans une interdépendance.

Célimène dépend des marquis qui la «tiennent» par leur influence pour son procès, eux qui appartiennent à la zone de lumière intense. Arsinoé «tient» Célimène la rayonnante par la lettre qu'elle communique à Alceste dans le secret, et qui peut la précipiter de la gloire mondaine dans l'ombre. Alceste est «tenu» par Célimène qu'il aime de façon dévorante, amour qui l'empêche de rejoindre le «petit coin sombre» qui le hante depuis longtemps. Clitandre, Acaste, Oronte, sont eux-mêmes «tenus» par la faveur royale, sans laquelle leur «mérite», s'ils en ont un, resterait obscur.

À propos du décor de sa mise en scène (Comédie-Française, 1984) voici ce que déclarait J.-P. Vincent : «L'architecture du classicisme français ne connaît pas encore l'intimité. Elle rêve et réalise des lieux pour apparaître et pour s'admirer. Les personnages ne seront donc pas au chaud dans une «chambre», mais contraints de déclarer leurs secrets sur le palier à tous vents d'un hôtel aristocratique [...] Ce décor décompose une harmonie. Il parle de l'harmonie mais il ne la réalise pas. Il en dénonce même les fondements terribles. [...] Les grands murs blancs d'un idéal de pureté éclatante s'y opposent à la violente surcharge d'une paroi de tableaux. Le sol brillant est griffé, balafré de sang et d'or : façon de marquer que l'idéal classique est le fruit de lourds combats et qu'il est encore le lieu de multiples contraintes [...] D'un côté la pierre nue et les lignes pures, de l'autre l'or, la peinture et le miroir : autant de façons de poursuivre une chimère, de réaliser à force de volonté un monde qui ne vit que de l'éclat (être éclatant, éclater de colère ou d'amour, survivre dans l'éclat de la cour : autant de préoccupations des personnages du Misanthrope.»

Structure instable
•

La structure était instable : Célimène tenait auprès d'elle quatre prétendants impatients de passer de quatre à un, et décidés à opérer le passage. Quant à Alceste, paradoxalement présent dans le salon qui n'est pas de son univers, il ne saurait s'y fixer : dès le début, on le pressent, l'ombre et l'éclat ne pourront s'accorder. Les entretiens, différés ou effectifs avec Célimène, tendent à modifier la structure, à faire passer la jeune veuve de vingt ans de l'influence lumineuse du milieu de cour à la vie cachée, loin des corruptions mondaines. Arsinoé, rivale de la coquette, ne peut accepter la royauté qu'elle exerce par et dans son salon. C'est elle qui proclame le jugement final, et toujours dans la métaphorique de l'ombre : *Certes, voilà le trait du monde le plus noir* (v. 1709). Au centre, le couple de sages, s'ils représentent la sagesse, observe ; il ne peut rien ; son impuissance est structurellement normale.

Convergences
•

Tout est solidaire dans l'intrigue. La volonté obstinée d'Alceste d'aboutir à épouser Célimène, qui s'y refuse, l'effort pour conclure, dans tous les sens du terme, constituent l'axe principal : impatience d'Alceste (I), indignation de Célimène (II), soupçons d'Alceste (III), dérobade embarrassée de Célimène après la fureur d'Alceste, soumission d'Alceste et mise à nu publique de la duplicité de Célimène (V).
Sur ce schéma de pression d'un côté, résistance de l'autre, viennent converger :
– le procès d'Alceste et la menace d'arrestation ;
– le sonnet d'Oronte ;
– l'émulation des marquis ;
– les visites de Célimène et d'Arsinoé dans d'autres salons.
Convergence de la comédie de caractères et de la comédie de mœurs, du tableau social, et de la rupture d'équilibre vers laquelle on avance inexorablement. Les scènes du tableau sont indispensables à la ligne principale et, en retour, la ligne principale unifie les scènes de mœurs. Les incidents visibles ou rapportés sont autant d'aiguillons qui piquent l'amour-propre et l'intransigeance du misanthrope, le mettent hors de lui, comme on dit, pour, en réalité, le conduire «chez lui», dans ce «coin obscur» qui est son lieu propre. Déçu, trompé, il descend la pente de ses désillusions. Mais les fâcheux que le personnage principal a trouvés successivement sur sa route, suivant un schéma que Molière aime bien *(Les Fâcheux)*, finissent par servir ses desseins, en convainquant, sous ses yeux, Célimène de duplicité.

L'ATRABILAIRE AMOUREUX

Théorie des humeurs
•

D'après le sous-titre primitif de la pièce, Alceste est un «atrabilaire amoureux»; atrabilaire : plein d'une bile noire et aduste
(brûlée). Selon la théorie des «humeurs», le tempérament de
chacun s'explique par le mélange et les proportions de ces
différents liquides, au nombre de quatre : sang, flegme, bile et
mélancolie.
Il faut relire l'admirable discours du Premier Médecin de *Monsieur de Pourceaugnac* (I, 8). Ce médecin distingue trois sortes
de mélancolie :

> *La première qui vient du propre vice du cerveau; la seconde qui
> vient de tout le sang, fait et rendu atrabilaire; la troisième,
> appelée hypocondriaque, laquelle procède du vice de quelque
> partie du bas-ventre et de la région inférieure, mais particulière-
> ment de la rate [...]*

La mélancolie est l'humeur «la plus pesante et la plus
incommode» (*Dictionnaire* de Furetière, 1690); c'est donc un
désespoir qui peut porter aux plus violentes résolutions, et le
mot apparaît dans la tragédie (*Bérénice*, v. 239; *Andromaque*,
v. 17). Le *Dictionnaire* de Richelet, lui, parle d'une «espèce de
délire sans fièvre, accompagné de craintes et de chagrins sans
raison apparente, à cause que l'imagination et le jugement sont
blessés par l'abondance d'une bile noire et brûlée» («chagrin»
a alors un sens fort, et signifie : irritation).

Maladie de mélancolie
•

Le Misanthrope est contemporain d'une évolution du discours
et du questionnement sur la folie. C'est ce que fait apparaître
l'ouvrage de M. Foucault, *Histoire de la folie à l'âge classique,*
(coll. «Tell», Gallimard, 1961).

> *Longtemps – jusqu'au début du XVIIe siècle – le débat sur la
> mélancolie reste pris dans la tradition des quatre humeurs et de
> leurs qualités essentielles [...] Mais dans la première moitié du
> siècle, toute une discussion s'organise à propos de l'origine de la
> mélancolie : faut-il nécessairement avoir un tempérament mélan-
> colique pour être atteint de mélancolie? (p. 282).*

Le travail historique de M. Foucault, qui ne prend pas en
compte la pièce, permet cependant de lui redonner sa valeur
d'interrogation sur un personnage qui ne cesse d'intriguer les

autres, Éliante et Philinte en particulier. Car Alceste intrigue, et nous intrigue : dans le regard des personnages sur lui, nous reconnaissons le nôtre. Sa maladie est-elle pour lui un masque, comme le suggère J. Guicharnaud ?

Philinte dissocierait le vrai Alceste et sa «maladie» (I, 1) : les humeurs viennent déformer le «moi» authentique, et les autres attendent de lui qu'il revienne à sa vraie nature. Mais la maladie est la nature même d'Alceste.

UN PERSONNAGE EN DÉCALAGE

Un rêve de transparence
•

Que fait Alceste dans le salon de Célimène, où sont concentrés tous les «vices du temps» contre lesquels il est en guerre ? Face à son regard, à travers son regard, nous voyons Célimène coupable d'une coquetterie dont il entend la guérir. Sa quête d'un âge d'or est un rêve de transparence. Les vers 36 et 70 expriment tous deux un vœu : *On ne lâche aucun mot qui ne parte du cœur ; Le fond de notre cœur dans nos discours se montre.* Le fond devient *fons* (fontaine) : rêve d'une parole qui coulerait littéralement «de source», comme la parole des premiers âges évoquée plus tard par Rousseau *(Essai sur l'origine des langues)*.

«Parler net»
•

Le langage d'Alceste est décalé également. Prenons l'exemple du vers 447 : *Madame, voulez-vous que je vous parle net ?* Cette apostrophe est une atteinte au genre de vie sur lequel s'accordent Célimène et les hôtes de son salon. Elle révèle une exigence qui contrevient au code de la bienséance. Rêve de transparence ? Ou volonté d'Alceste de ramener Célimène dans la sphère bourgeoise, loin de l'élégante abstraction où elle se meut ? Lorsqu'Alceste évoque le «bâton», l'univers de la farce fait irruption, le misanthrope rappelle Arnolphe face à Agnès.

Ou bien encore ce «parler net» est-il une arme de la guerre qu'il livre contre l'hypocrisie, la coquetterie, la vanité ? Il y a quelque aspect chevaleresque en lui. Alceste, on l'a vu, est fils de Dom Garcie. Il adopte face à la coquette une attitude héroïque : il se fait fort de la purger des «vices du temps». Cette posture héroïque est une forme de démesure qui relève de la «mélancolie» d'Alceste, mais qui fait peut-être aussi de lui un «dissident».

162

Alceste dissident?

•

À l'époque du Misanthrope, la Fronde est bel et bien terminée ; la Cour est en voie de domestication. Les grands seigneurs se doivent d'être disciplinés, désormais ; ils dépendent effectivement sinon d'un clin d'œil, du moins des caprices du souverain. Alceste refuse tout cela. Il évoque à sa façon un héroïsme et même un anarchisme de grand seigneur, quand sévissaient encore les révoltes nobiliaires, fort importantes.

(E. Le Roy Ladurie, Entretien donné à la revue *Comédie-Française*, n° 131/132, sept.-oct. 1984, p. 19-27.)

L'origine grecque du nom d'Alceste – le vigoureux, le champion – fait de lui une sorte de chevalier médiéval toujours prêt, comme il le dit lui-même, à «rompre en visière». Champion du pur Amour, de la Droiture et de la Sincérité, il refuse et combat les jeux d'Artifice, de Faux-Semblant et d'Arrivisme.

Dans sa mise en scène et son interprétation (Comédie-Française, 1989) Simon Eine rappelle «l'extraordinaire énergie» d'Alceste. Pour lui, en ce jour «où Alceste a véritablement décidé de tout régler [...] il devient fou sous nos yeux. [...] Dès le début, il dit des choses énormes. Ce n'est pas à mes yeux une scène qui peut se jouer raisonnablement, entre deux philosophes. Elle est hors de proportion avec la nature de l'événement qui s'est produit.» Alceste ira du refus du mensonge au refus du langage, mais «avant de se taire, il va vraiment dire tout ce qu'il a sur le cœur». (Propos recueillis in Le Misanthrope au théâtre, Fetjö, 1990.)

[Alceste] admet la hiérarchie de Cour, mais se situe déjà dans un Ailleurs, qui est individuel et non hiérarchique. L'étape suivante consisterait à critiquer la hiérarchie elle-même ; on fonderait une société individualiste et égalitaire, on détruirait la Cour. Rousseau, dans une certaine mesure, et non sans prudence, poussera à bout cette logique d'Alceste.

E. Le Roy Ladurie, *entretien cité.*

LES DEUX ALCESTE

Chaque fois qu'un acteur nouveau prend le rôle d'Alceste, on voit s'élever deux partis. L'un ne peut souffrir sur la scène qu'un parfait et sombre honnête homme. L'autre parti veut un misanthrope ridicule. Or si l'acteur accuse l'un ou l'autre ton, c'est qu'il ne joue pas le caractère, mais une reconstitution du caractère, selon des idées préconçues. Il quitte la vérité pour suivre une erreur logicienne. Molière ne lui laisse pas le choix entre telle ou telle conception personnelle. Il lui impose au contraire de représenter dans le ton ou plutôt dans les tons que son texte lui met sous les yeux aussi lisiblement qu'une partition de musique. L'erreur est de vouloir isoler par l'interprétation ce que l'auteur a si bien accordé dans l'ouvrage.

J. Copeau, *Registres II : Molière,* Gallimard.

FRANÇOIS RENE MOLÉ Rôle du Misanthrope.

Tous les hommes me sont a tel point odieux
Que je serois fâché d'être sage à leurs yeux.

Le Misanthrope act. 1er Sc. 1ère

À la mort de Molière, Baron reprend le rôle du misanthrope dans l'esprit de l'en-tête écrit par Donneau de Visée pour la première édition de la pièce : «Le héros en est plaisant sans être trop ridicule.» C'est F. R. Molé (ci-dessus), à la fin du XVIIIe siècle, qui brise la tradition d'un Alceste du grand monde : il en fait un personnage violent, excessif, démesuré.

Dans sa mise en scène de 1990, à Nice, Jacques Weber, qui interprète également le rôle principal, accentue le délire de persécution d'Alceste. Face à une Célimène – Emmanuelle Béart – toute en finesse, tendue entre abandon et fuite, entre candeur et secrets, entre enjouement et panique, une Célimène qui le trompe et lui échappe, Weber laisse la violence et la sincérité de sa douleur emporter Alceste.

Pour Francis Huster (ci-contre, avec Robert Hirsch, théâtre Marigny, 1992), «rien ne justifie qu'Alceste entre dans de folles colères. [...] Ce qu'il dit est impossible à dire s'il fulmine, c'est beaucoup trop intelligent. [...] Il ne hait pas les hommes ; il les aime trop pour supporter qu'ils le trahissent. Alceste est le premier des romantiques. C'est un héros stendhalien. Il nous joue le Rouge et le Vert, hésitant entre la passion et l'amertume d'avoir été trahi.» (Au Figaro, 26 janvier 1992.)

RESTAURATION DE L'ÉTAT

> *Je commençai à jeter les yeux sur toutes les diverses parties de l'État [...], sensiblement touché de n'en voir pas une qui ne m'invitât et ne me pressât d'y porter la main [...]. Le désordre régnait partout.*
>
> Louis XIV, *Mémoires,* cité par F. Bluche, *op. cit.,* p. 143.

Dès la mort de Mazarin, en 1661, le jeune roi a entrepris de discipliner la noblesse, de cour et de robe. Les actions les plus spectaculaires se déroulent en 1665 et 1666 : ce sont les «grands jours d'Auvergne».

> *[Le roi] remodèle et façonne, cinquante-quatre années durant, le sommet de la société française, toujours soucieux de la délicate et indispensable relation entre la notion d'élite et celle de noblesse. Pour cela, une de ses premières tâches fut de brider la noblesse, cette cavale un peu folle. [...] Aux grands jours de Clermont, quatre-vingt-sept sentences (sur six cent quatre-vingt-douze) pénalisaient des gentilshommes.*

LA COUR

Luttes de clans

•

En 1666, Colbert devient tout-puissant. Il y a des places à prendre ; chacun se met dans le sillage des hommes qui montent, tandis que les diverses noblesses, sans doute représentées dans la pièce, ne se font pas de cadeau. Dans certaines scènes du *Misanthrope,* l'air est saturé de questions de carrière, de réussite, de brigue ; les décalages de discours sont l'expression de conflits de castes, de cercles. Derrière un langage commun, le salon de Célimène n'est pas tout à fait homogène.

Une noblesse réfractaire

•

On a mentionné la mise au pas de la robe : dès 1661, le roi avait procédé à l'exil de magistrats de la cour des Aides, se souvenant avec effroi de l'élévation trop grande des Parlements lors de la Fronde.

> *Au moment de la «sortie» du Misanthrope, on commence à s'éloigner de la Fronde. La Cour se situe encore au Louvre, et de temps en temps à Fontainebleau ; Versailles est surtout un chantier ; la Cour demeure très entourée par la ville. Néanmoins, tout ce qui approche le roi, en principe, est noble. En ville, figure aussi une certaine noblesse et qui ne fréquente pas toujours la Cour,*

> notamment dans le cas de l'aristocratie parlementaire et des
> financiers.
>
> E. Le Roy Ladurie, Entretien donné à la revue Comédie-Fran-
çaise, n° 131/132, sept.-oct. 1984.

Peut-être peut-on situer Alceste dans ce milieu de noblesse de robe, assez réfractaire à l'air de la nouvelle cour ? L'austérité de ses mœurs, son indépendance vis-à-vis du pouvoir royal qui remodèle les institutions, semblent bien rendre compte du comportement du personnage principal.

«Violence domestiquée»

•

Le Misanthrope *est donc exactement contemporain du «temps des réformes».*

> L'irrésistible élan de réformations, centralisations et d'espérances
> tournées vers l'ordre et l'autorité qui emporta la génération du
> jeune Louis XIV douze ans après la Fronde produisit une gerbe de
> codes, ordonnances et règlements fort étonnante.
>
> F. Bluche, op. cit., p. 202.
>
> La seconde moitié du XVIIe siècle est certainement contemporaine
> d'une atténuation de la violence.
>
> [...] chez Saint-Simon, comme dans Le Misanthrope, l'applica-
> tion de la force devient plus symbolique, et surtout verbale. Cela
> dit, la Cour, même à Versailles, n'est pas irriguée par le lait de la
> tendresse humaine. Personne n'aime personne.
>
> E. Le Roy Ladurie, art. cit., p. 25.

Le tableau de l'historien rejoint l'analyse que l'on peut faire de la pièce, celle d'un univers de violence sous-jacente. Violence interne, ou comment un sonnet devient une «affaire», conju-guée à une autre affaire, externe, le procès avec la crapule, qui a l'art de mettre le monde de son côté... Violence de toute part : d'Alceste dans ses portraits, d'Arsinoé déterminée à perdre de toutes les façons Célimène. La pièce s'achève sur la chute de la maison Célimène.

Dans son étude minutieuse de l'œuvre, J. Guicharnaud voit dans la première phrase du rôle («Laissez-moi, je vous prie») une sorte de devise du personnage, et certains metteurs en scène aussi, qui montrent Alceste fermement établi sur son siège, au lever du rideau. Immobilisme contre mouvement ? «Un poids de solitude, un agent d'immobilisation qui freine l'univers en mouvement dans lequel il est jeté». Ce vœu d'immobilité préfigure-t-il le «désert»? Si la norme est de s'agiter, dans une cour qui se forme et un monde politique qui s'élabore, alors Alceste, qui demandera qu'on le laisse «dans ce petit coin sombre avec [son] noir chagrin» (v. 1584, le plus important de la pièce par sa charge métaphorique), est hors jeu.

167

L'ART DE PLAIRE

Une comédie de mœurs ?
•

L'Homme de Cour est le titre d'un manuel à succès, traduit de l'auteur espagnol Baltasar Gracián, en 1684. Le titre espagnol comportait les mots *Arte de Prudencia*. Si la traduction de *L'Homme de Cour* est postérieure au *Misanthrope,* ce «manuel» est tout à fait exemplaire, par son titre et son esprit, d'un idéal de vie dont la pièce de Molière est indissociable. Selon J. Mesnard. «L'univers de cette comédie a pour norme l'art de plaire. Tous les personnages se définissent en fonction de cette norme, à laquelle ils se soumettent pour la plupart, les uns passivement, les autres lucidement.». Dans la pièce, véritable «mise en question de l'art de plaire», chaque personnage est considéré comme une facette de la problématique (art. cit. p. 155).
Car J. Mesnard, comme A. Adam, prend au sérieux un texte mis en tête de l'édition originale, *Lettre écrite sur la comédie du Misanthrope,* due à Donneau de Visé. Qu'a voulu Molière? «Parler contre les mœurs du siècle», et pour «mettre la dernière main au portrait du siècle», la peinture des caractères sera subordonnée à la peinture d'une société. Ainsi, les caractères sont-ils proprement construits en fonction de cette sorte d'«essai sur les mœurs».

La création de l'«honnête homme»
•

Quelles mœurs? La mise en œuvre d'un art de plaire, loi impérieuse qui n'a cessé de s'affiner et de se réfléchir au long du siècle. C'est tout un rayon de la bibliothèque qu'il faut regarder. Déjà, en 1630, avait paru une «Bible de l'honnête homme», *L'Honnête Homme ou l'art de plaire à la Cour,* de Nicolas Faret, un best-seller. C'est bien la Cour qui a littéralement façonné, modelé cette créature qu'on appelle «honnête homme». Peu après *Le Misanthrope,* le chevalier de Méré, ami de Pascal, fait paraître ses essais, *Les Conversations* (1668-1669), *Des Agréments* (1676), et *De la Conversation* (1677).

LA CONVERSATION ET LA COMPLAISANCE

C'est le maître mot, avec son sens plus large qu'aujourd'hui : commerce mondain, sociabilité, art de vivre ensemble. La Bruyère intitule un des chapitres des *Caractères* «De la société et de la conversation» (V). Mademoiselle de Scudéry a semé dans ses romans des entretiens sur l'art de vivre au mieux ensemble dans le cercle, et leur succès sera tel qu'elle fera comme les auteurs actuels, qui republient des extraits ou la totalité de leurs chroniques ou propos dispersés. Voici qui semble écrit tout droit pour Alceste : «Je soutiens qu'elle est nécessaire à la société de tous les hommes, qu'elle sert à tous les plaisirs», dit-elle de la complaisance, avant d'ajouter : «sans complaisance, on serait toujours en guerre et en chagrin» (et ce dernier mot, Alceste le sait, a un sens fort, à l'époque). Texte typique : il est tiré du roman *Clélie* (1654-1661) et reparaît dans les *Conversations nouvelles sur divers sujets* (1684). Or, les personnages des romans étaient codés et devaient directement à des gens du grand monde ; de plus, la conversation, au sens moderne du terme, porte souvent, très souvent sur des problèmes de conduite dans le monde. Cette société ne cesse de se réfléchir de mille façons, et le salon de Célimène est en quelque sorte meublé d'un immense miroir où le groupe s'assure de ses valeurs en posant devant lui les conduites des Damis, Géralde, Adraste et autres Bélise (II, 4) ; la très belle scène entre Arsinoé et Célimène nous fait écouter aux portes ; chacune y révèle les conversations (cercles) où la conversation porte sur les mœurs des... Célimène et des Arsinoé. Et qu'est-ce que *La Critique de l'École des femmes* de Molière, si ce n'est une conversation sur les mérites de la comédie ? La comédie sous le regard des «honnêtes gens» justement, La Fontaine, lui, nous a donné un régal en entrelardant le récit des *Amours de Psyché et de Cupidon* (1669) des entretiens de quatre amis dans les jardins de Versailles.

Ouvrons N. Faret. À propos de la complaisance :

> Cette souplesse est l'un des souverains principes de notre Art, quiconque sait complaire peut hardiment espérer plaire.

Ou Méré :

> La sagesse d'un homme du monde n'est pas la sagesse d'un solitaire, elle est enjouée et gracieuse ; c'est une vertu de cœur qui laisse quelquefois à l'esprit la liberté de s'échapper. Elle raille, mais d'une manière fine et délicate qui plaît jusqu'à ceux qu'elle attaque, mais ne tombe sur rien, et qui se sent toujours plus de la flatterie que du reproche ou de l'offense. Plus modeste et retenue que la plaisanterie, elle donne aux choses un tour agréable et nouveau, sans jamais se permettre ni d'équivoques, ni de jeux de mots. (De l'éducation d'un enfant de qualité).

Ouvrons Gracián à la maxime 98, *Dissimuler* :

> Les passions sont les brèches de l'esprit. La science du plus grand usage est l'art de dissimuler. Celui qui montre son jeu risque de perdre [...] À ces gens qui épluchent de si près les paroles, couvre ton cœur d'une haie de défiance et de réserve.

Maxime 223, *N'être pas trop singulier ni par affectation, ni par inadvertance* :

> *Quelques gens se font remarquer par leur singularité, c'est-à-dire par des actions de folie, qui sont plutôt des défauts que des différences [...]. Il ne sert à rien de se singulariser, sinon à se faire passer pour un original impertinent.*

UNE RATIONALITÉ PROPRE

L'historien allemand Norbert Elias s'est interrogé sur la rationalité de la société de cour (*La société de cour*, coll. «Champs», Flammarion, 1985) :

> *L'ordre hiérarchique de fait à l'intérieur de la société de cour était fluctuant [...]. Quand on porte son attention sur la "bonne société" aristocratique, on se rend immédiatement compte à quel point l'individu y dépend de l'opinion des autres membres de cette société [...]. En d'autres termes : dans une telle société l'opinion sociale a une autre importance et une autre fonction que dans une vaste société bourgeoise professionnelle. Elle fonde l'existence.*

OBSERVER, MANIER, MAÎTRISER

La structure particulière de cette société entraîne trois conséquences sur le plan moral, et ici l'historien rejoint les théoriciens moralistes. En premier lieu, «L'art d'observer ses semblables», pour «mieux discipliner ses relations sociales et mondaines» (p. 99) et N. Elias cite La Bruyère :

> *Un homme qui sait la cour est maître de son geste, de ses yeux, et de son visage; il est profond, impénétrable; il dissimule les mauvais offices, sourit à ses ennemis, contraint son humeur, déguise ses passions, dément son cœur, agit contre ses sentiments.*
>
> Les Caractères, «De la Cour», 2.

C'est ensuite «l'art de manier les hommes»; c'est enfin «le contrôle des affects», puisque «la compétition de la vie de cour oblige les hommes qui en font partie à s'astreindre, dans leurs rapports avec autrui, à un comportement judicieusement calculé et nuancé». On aura reconnu bien des traits essentiels du monde et des conflits du *Misanthrope*. Le petit marquis Clitandre fait son entrée et sa sortie à l'acte II, en annonçant qu'il vient du «petit levé» du roi au Louvre, et qu'il sera au «petit couché»... Honneur considérable. Et quand Arsinoé s'offre à pousser Alceste à la Cour (III, 5), elle assure : *On peut pour vous servir remuer des machines.* Alceste voit là justement l'occasion de faire une critique de «l'homme de cour».

Après avoir rappelé que «la civilité, le goût des bienséances, le bon air, la bonne mine, la bonne grâce, les façons du monde, la science du monde, le savoir-vivre, en un mot la politesse, et ce je ne sais quoi qui fait l'honnêteté, sont de cour, par voie directe ou par imitation», F. Bluche a raison de noter que cet idéal d'honnêteté «est un véritable code des devoirs» et «une ascèse» (*La Vie quotidienne au temps de Louis XIV*, Hachette, 1984, p. 146). Est-il vrai, cependant, de dire que c'est «un modèle qui se multiplie sans rien abandonner de sa qualité»?

Vous avez dit la cour?
•

C'est le temps, en effet, où le chevalier de Méré ne fait pas de la cour l'espace exclusif de l'honnêteté, à la différence de N. Faret : «Je crois qu'elle ne dépend guère du temps ni des lieux, et que celui qui peut tant faire que d'être honnête homme en sa cabane l'eût été en toutes les Cours du monde.» La cour constitue une concentration de la vie en général, un champ d'investigation privilégié, plutôt qu'un milieu exemplaire et idéal. Pour le platonicien Méré, même les perfections qu'on y trouve ne sont que des reflets pâles de la Perfection à laquelle doit tendre l'honnête homme.

La grâce et la Grâce
•

Même, on voit Méré, quelques années après la pièce de Molière, faire du Christ le maître de la bienséance et de l'agrément, mondaniser un christianisme rendu à une «simplicité» originelle. Dans *De la vraie Honnêteté*, il note que «la dévotion et l'honnêteté ont presque les mêmes voies et qu'elles s'aident l'une à l'autre. La dévotion rend l'honnêteté plus solide et plus digne de confiance, et l'honnêteté comble la dévotion de bon air et d'agrément». La grâce et la Grâce relèvent d'une même lumière.

Molière, miroir?
•

F. Bluche suggère que l'étonnante fidélité de Louis XIV à Molière, qu'il appuya dans les années où s'écrit *Le Misanthrope,* tient à la reconnaissance, dans l'esprit du roi, de Molière comme d'«un cas particulier et un prototype – un peu exceptionnel – de l'honnête homme [...]. L'œuvre de Molière, si elle dénonce les ridicules de certains personnages de cour, ne critique pas la cour, au contraire, elle contribue, comme celle de Méré, comme celle de Gracián, à en dessiner ou à en sous-entendre les contours idéaux. Elle est donc l'alliée ou l'auxiliaire de la politique royale» (*Louis XIV,* pp. 278-279). On a vu jusqu'où allait Méré. Molière ne le suit pas, pas plus qu'il n'adhère sans réserve à l'art de plaire.

171

DE LA FLATTERIE

La flatterie est-elle le ciment de la vie en société ? Faut-il flatter pour vivre ensemble ? Le spectacle de la cour a aiguisé la réflexion morale : La Fontaine, La Rochefoucauld, Boileau ont médité sur la flatterie, et ses rapports à la sociabilité. On s'étonnera moins, dès lors, de la passion avec laquelle Rousseau a lu la pièce...

Oronte flatte pour être flatté à son tour ; Acaste et Clitandre flattent Célimène ; Arsinoé flatte Alceste ; Philinte flatte Oronte.

L'animal humain
●

Des vautours affamés de carnage,/Des singes malfaisants, et des loups pleins de rage (I, 1, v. 177-178). Ainsi Philinte métamorphose-t-il les hommes, à la manière de deux de ses contemporains, La Fontaine, mais aussi La Rochefoucauld, dans sa belle *Réflexion diverse*, 11, «Du rapport des hommes avec les animaux» :

> *Il y a autant de diverses espèces d'hommes qu'il y a de diverses espèces d'animaux, et les hommes sont, à l'égard des autres hommes, ce que les différentes espèces d'animaux sont entre elles et à l'égard les unes des autres. Combien y a-t-il d'hommes qui vivent du sang et de la vie des innocents : les uns comme des tigres, toujours farouches et toujours cruels ; d'autres, comme des lions, en gardant quelque apparence de générosité, d'autres comme des ours, grossiers et avides ; d'autres comme des loups, ravissants et impitoyables.*

Et La Rochefoucauld de continuer sa zoologie humaine, implacable dans son ensemble : «combien de canards privés, qui trahissent leurs semblables et les attirent dans les filets ; de corbeaux et de vautours, qui ne vivent que de pourriture et de corps morts !».

Le commerce des hommes
●

Ce texte est de 1665, le premier recueil des *Fables* de La Fontaine est de 1668. Moraliste, dramaturge, fabuliste : une même interrogation sur le «commerce» des hommes. «L'animalité est le symbole d'un monde dominé par l'appétit et par les ruses à travers lesquelles le désir de chaque individu cherche à prévaloir.» J. Starobinski a donné un court essai «Sur la flatterie» dans le monde classique (*Le Remède dans le mal*, Gallimard, 1989, p. 61) :

> *La doctrine classique de la civilité [...] pose en principe que les liens réciproques dans lesquels les hommes sont contraints d'entrer quotidiennement peuvent, sous certaines conditions, non seulement être purifiés du risque de la violence, mais devenir source de plaisir [...]. Le plaisir, pour une large part, est rendu possible par la suppression concertée, par le refus conventionnel de l'éventualité agressive dont tous les rapports humains sont naturellement chargés.*

L'ÉCHANGE NARCISSIQUE

En termes modernes, le critique parle d'une «érotisation du commerce quotidien» (*op. cit.*, pp. 61-62). D'où, et cela intéresse *Le Misanthrope*, dès la première discussion sur les «embrassades», et la volonté d'Alceste d'être «distingué», ce que J. Starobinski appelle «une assez forte composante narcissique», un «narcissisme de groupe», parfaitement lisible dans le salon de Célimène. Dès lors, l'on entre de plain-pied avec la pièce :

> *La claire lumière du jugement rationnel paraît coextensive à toute l'étendue du commerce de la société, l'élément du désir, si "poli" et sublimé qu'il soit, vient troubler l'exercice de la faculté judiciaire par l'intrusion d'un enjeu d'une autre nature : le plaisir [...]. La relation réciproque, qui paraissait d'abord fondée sur l'acte intellectuel de la reconnaissance de qualités "réelles", devient une transaction où des perfections fictives s'autorisent mutuellement, en vue de maintenir pour chacun un niveau égal de satisfaction narcissique* (op. cit., p. 69).

La Rochefoucauld note en effet qu'«on ne loue d'ordinaire que pour être loué» (Maxime 146), ou encore, et la métaphore du «commerce» est revitalisée, «la flatterie est une fausse monnaie, qui n'a de cours que par notre vanité» (Maxime 158). Qu'est-ce, étymologiquement, que «flatter»? C'est caresser avec le plat de la main : où l'on voit reparaître les animaux. J. Starobinski parle d'une «animalisation du flatté»:

> *En insistant sur le préjudice causé par la flatterie, le discours classique discerne parfaitement la composante agressive qui s'y trouve impliquée [...]. Le flatteur se sent humilié d'être contraint à ramper : il se venge en tirant profit de la faiblesse des autres. [...] Voici donc reparue, à travers l'inégalité du pouvoir détenu, une violence que tout l'effort de la doctrine de la civilité consistait à réprimer* (op. cit., p. 81).

Où l'on voit reparaître le misanthrope... Car celui qui démasque ces rapports commerciaux, rapports de violence sourde, a lui-même un amour de soi particulièrement violent ; c'est «un Narcisse déçu».

> *Le spectateur du Misanthrope est amené à penser que la protestation «critique» contre les mœurs du temps, contre la*

corruption sociale, contre l'intérêt proprement animal dissimulé dans la transaction et la flatterie, a sa source dans un désordre matériel du corps, et non dans un acte de la raison morale [...]. Que le grand ressort, chez l'ennemi juré des flatteurs et des masques, soit le narcissisme de l'amour-propre, ou l'effervescence d'une «humeur noire», ou les deux ensemble, il reste que le discours classique nous invite à nous demander si l'énergie de la «démystification» ne s'alimente pas elle-même à une source «mystifiante» [...]. La conscience court toujours le danger d'être prise à revers, et de façon d'autant plus sournoise qu'elle aura cru plus sincèrement s'être dégagée des prestiges fallacieux où tombe le commun des hommes (op. cit., p. 88-90).

«HONNÊTE HOMME» : HOMME HONNÊTE ?

Si le salon est un espace de sociabilité, le désert final, qui n'est pas celui d'Alceste, n'est-il pas l'échec de ce commerce mondain, sa faillite ? «Mise en question de l'art de plaire»?... Car cet art si difficile, si contraignant, et qui impose l'effacement de toute contrainte apparente, en plus, est-il une morale ? Comment l'articuler à une morale ? Si plaire est l'art suprême, l'«honnête» a-t-il encore à voir avec l'honnête ? Pour se faire aimer, tous moyens seraient-ils bons ? Pour réaliser la plus belle harmonie sociale, tout au long des jours, faut-il accepter de faire de la complaisance la norme ?

Car plaire, ce sera faire sa cour : à Oronte, qui est en crédit auprès du Roi, et au bel Acaste, qui est admis à l'honneur, difficilement imaginable aujourd'hui, du «petit levé» au Louvre. Plaire, ce sera visiter ses juges, démarche de courtoisie, rien d'autre, qu'Alceste refuse comme une superfluité contraire à la raison, injustifiable : n'a-t-il pas pour lui «la raison», «le bon droit», «l'équité» (v. 187) ? Il n'en fera rien, cela ne suffit pas, mais Célimène, elle, fera quelque chose : elle ménage pour son propre procès ce grand fat de Clitandre (v. 492).

Plaire, ce sera distribuer les louanges aux gens présents. Ainsi le veut le code mondain : Alceste d'abord, Arsinoé ensuite, ont, comme tous les autres, utilisé des formules, car il y a tout un art de dire sans dire, en société ; mais non, ils finissent par blâmer, l'un Oronte, l'autre Célimène. «*Le Misanthrope* est aussi une méditation dramatique sur les deux genres majeurs de la conversation, la satire et l'éloge, pile et face de la même "monnaie". Alceste pratique la satire avec une âpreté sans rivale ; c'est un genre qui n'a de légitimité que dans sa bouche, parce qu'il prétend le pratiquer *ad hominem,* dans le cruel face à face avec sa victime.» Marc Fumaroli a soigneusement distingué la conception que Molière se fait de la satire, comme les mondains.

> *Une arme de lucidité morale et sociale, mais une arme qui ne blesse pas de front. Alceste en revanche condamne toute forme d'éloge, universellement qualifiée par lui de flatterie. [...] Il y a un bon usage de l'éloge, qui n'est pas exempt d'une ironie secrète, in petto, ou pour les happy few, dont Philinte donne l'exemple dans cette même scène du sonnet.* (M. Fumardi, art. cit., p. 46.)

Tous les autres personnages se décernent un brevet de savoir-vivre en passant en revue les «caractères», c'est-à-dire les exemples types, pour chaque circonstance, de ce qu'il ne faut pas faire.

L'ART DE PLAIRE : UN MARCHANDAGE

Plaire, c'est capter la bienveillance, et malheur à qui ignore ou refuse cet art et cette rhétorique! La peur... Dans ses confidences à Alceste (v. 490-492, et 542-548), Célimène révèle un aspect que l'on a, à tort, ignoré : la peur de déplaire, qui peut se payer cher. *Le Misanthrope* laisse souvent apercevoir l'envers du décor, la sanction impitoyable pour quiconque ne se plie pas à l'art de plaire, la carrière ouverte pour quiconque s'y plie. Telles sont les perspectives qu'ouvrent les propos d'Arsinoé à Alceste : *Pour peu que d'y songer vous nous fassiez des mines/On peut pour vous servir remuer des machines* (v. 1078-1079). Célimène a-t-elle appris à ses dépens toute la force de l'art de plaire ? Arrière-plans ténébreux... Sur la scène même, que n'apprenons-nous pas des machinations d'Oronte et du «franc scélérat» contre Alceste.

Le commerce du monde : un échange, un troc. Le mécanisme fonctionne sous nos yeux dans la scène du sonnet. Deux temps : Oronte offre son amitié; puis lecture du sonnet : capter l'«amitié de l'auditeur à venir pour capter sa louange du sonnet. Qu'est-ce donc ici que l'amitié»? Philinte flatte Oronte : par son outrance, ne met-il pas à nu l'art de plaire? Et si Philinte se moque *in petto* du monde... les règles du jeu ont de quoi nous troubler.

Je veux qu'on soit sincère (v. 35). Par un remarquable rebondissement, Molière a laissé voir que l'art de plaire donnait raison à Alceste. Car cet art a besoin, c'est sa loi, a «soif de sincérité», pour reprendre l'expression de J. Mesnard (p. 876). Oronte, figure exemplaire du système, dirions-nous, exige la sincérité et de la part d'Alceste et de la part de Célimène... Contradiction ? Forme supérieure de ruse ? Dans ce cas, le plus bel éloge reçu sera valorisé par une «valeur ajoutée», la sincérité qui sera à la source de la parole d'autrui. Mais qui assure que l'éloge reçu vient de la sincérité que l'on a invitée à se libérer ? «C'est le drame de l'art de plaire que d'avoir besoin de la sincérité et de la fuir toujours», note J. Mesnard. «On ne peut mettre en question l'art de plaire au nom de la sincérité sans mettre en question ma sincérité au nom de l'art de plaire.»

C'est un homme gonflé de l'amour de soi-même (v. 618). Le critique a rappelé, à propos de ce vers de Célimène épinglant Adraste, la pensée maîtresse des *Maximes* de La Rochefoucauld : l'omniprésence de l'amour-propre, sa nature essentiellement protéiforme, ses ruses innombrables (voir le très beau texte 563 des éditions à notre disposition). Or, la première édition des *Maximes* est de 1665, un an avant *Le Misanthrope*. «Comme la vertu chez La Rochefoucauld, dépeint par Molière, l'art de plaire sous toutes ses formes est constamment vicié par l'amour-propre. Les formules de politesse, les démonstrations de civilité s'emploient avec l'arrière-pensée d'être payé de retour. Que de fois l'amitié n'est-elle pas considérée sous l'angle de l'utilité ! Quant à la présence de l'égoïsme dans l'amour, elle est finement dénoncée tout au long de la comédie» (p. 880). Et il est vrai que la métaphore lexicalisée, et devenue bénigne, du «commerce mondain», est nettement revitalisée par Molière. Si les marquis recourent à la métaphore de l'argent, Célimène, elle, donne «l'espoir», en échange d'une récolte abondante d'hommages. Alceste n'est pas exempt de la tyrannie de l'amour-propre : c'est à le montrer que s'emploie J. Guicharnaud, scène après scène. La théâtralité du personnage est grande, depuis le *Je veux qu'on me distingue* (v. 63), véritable devise, jusqu'à sa joie, son exultation même, de voir son procès demeurer à la postérité : *comme une marque insigne, un fameux témoignage/De la méchanceté des hommes de notre âge* (v. 1545-1546). Et s'il repousse les offres de service d'Oronte, puis d'Arsinoé, c'est par sentiment de son incompétence à faire carrière à la cour, c'est aussi parce qu'il n'y serait pas assez distingué, confondu dans une masse. C'est «au désert» que la tyrannie du moi pourrait se satisfaire, sans crainte d'être toujours confondu...

«Éprouvés à la pierre de touche de l'amour-propre, art de plaire et sincérité se révèlent l'un et l'autre suspects, art de plaire et refus de plaire n'apparaissent guère moins condamnables» (J. Mesnard, art. cit. p. 885).

Ouverture ?

•

Qui échappe à *ce grand aveuglement où chacun est pour soi* (v. 968) ? Philinte ? J. Mesnard a vu dans la formation du seul véritable couple de la pièce, Philinte-Éliante, un exemple de bienveillance, d'indulgence, de générosité même avec Éliante.

Parfait exemple de sincérité, elle a soin de toujours peindre la personne sous des traits qui tranchent avec la rosserie des autres peintres quels qu'ils soient dans la pièce. Davantage, l'un et l'autre se montrent prêts à s'effacer devant Célimène dans le cas d'Éliante, ou d'Alceste dans le cas de Philinte auprès d'Éliante. «La signification du couple Éliante-Philinte est donc fort nette. À la pratique de la captation, il oppose une éthique du don, excluant l'amour-propre, préconisant l'efface-ment du moi devant autrui, pratiquant l'art de plaire d'une façon désintéressée. C'est là le fondement d'une "honnêteté" véritable, dont on peut imaginer des formes diverses, entre les deux pôles représentés par le réalisme pessimiste de Philinte qui admet certaines compromissions, et par l'idéalisme opti-miste d'Éliante, dont l'illusion peut être le prix» (p. 885).

SAGESSE OU FOLIE ?

Il est vrai que ce couple modèle peut n'inspirer guère l'émula-tion, privé qu'il est de frémissement, de cette irrationalité qui animent les deux personnages principaux. Car Alceste plaît, malgré ses «incartades», ses «sorties» à Célimène, Arsinoé, Éliante, d'autres peut-être... Éliante elle-même, comme Alceste, sont très attentifs à cette irrationalité de l'attirance. J. Mesnard voit dans le couple principal un «dépassement» de la sagesse du couple-norme : «Si la mise en question de l'art de plaire pouvait sembler résolue grâce à la norme indiquée par Philinte et Éliante, cette norme, avec Alceste, est à son tour mise en question.»
Car lui comme Célimène «ont le cœur vaste et il leur faut le remplir», «ils sont habités par un immense désir d'être aimés». Est-il exact que Célimène «éprouve la crainte de ne pas être assez aimée»?... Est-il exact de dire que «la misanthropie résulte d'un désir de plaire infini et impossible à jamais satis-faire»? Alceste est-il mu par l'«aspiration à l'infini» comme par l'«aspiration à l'absolu»?
Sans doute l'expression d'Alceste, *À ne rien pardonner le pur amour éclate* (v. 702), est-elle empruntée au langage de la mystique, et le personnage est-il «conçu à partir de catégories d'origine religieuse»; mais la parodie, le dévoiement du lexique religieux sont assurés; le personnage est constamment construit sur un décalage de nature héroï-comique, registre élevé et réalités plus banales ou contingentes, registre noble et amour de captation, instinct hérité du Sganarelle, ce type, ce moule, que Molière réutilise sans cesse. Sagesse et folie, selon le schéma d'Érasme, se conjuguent-elles en lui?
Mise en question, *Le Misanthrope* se garde de donner des réponses.

Amour (fragments d'un discours sur l'amour)

•

Une autre œuvre de Molière offre-t-elle pareille collection de fragments sur l'amour ? *Le Misanthrope* représente une société aristocratique et raffinée, qui aime à converser, à méditer sur le sentiment amoureux, à dire l'amour autant qu'à l'éprouver. Un personnage comme Éliante, un peu fade, est cependant tout à fait exemplaire par sa passion de l'analyse et de la formulation, où elle excelle, sa seule passion peut-être (II, 4, v. 711 et suivants ; IV, 1, v. 1163-1202). Elle donnerait tort à Roland Barthes : «Personne n'a envie de parler de l'amour si ce n'est pour quelqu'un» *(Fragments d'un discours amoureux).*

■ **Déraison** : Alceste lui-même inaugure la collection de fragments : *Il est vrai : ma raison me le dit chaque jour ;/Mais la raison n'est pas ce qui règle l'amour.* (I, 1, v. 247-248).
Loin de la conception cornélienne de l'amour : non pas l'estime, pour fonder l'amour, ni le jugement qui fonde lui-même l'estime (ainsi Pauline préférant Polyeucte à Sévère, l'estimant davantage).

■ **Délire** : tirer la femme du néant. *Personne n'a, Madame, aimé comme je fais* (v. 524). Idéal d'Alceste : *De vous voir tenir tout des mains de mon amour* (IV, 3, v. 1432). Le vers conclut un crescendo, lui-même crescendo final de l'entretien toujours rompu avec Célimène. Prendre la place du Créateur... Faire don de tout à celle qui, sans cela, ne serait rien. R. Barthes : «La folie est une expérience de dépersonnalisation. Pour moi, sujet amoureux, c'est tout le contraire : c'est de devenir un sujet, de ne pouvoir m'empêcher de l'être qui me rend fou».

■ **Métamorphose et illusion.** "Amour au bandeau" : ce proverbe est faux. L'amour ouvre grands les yeux, il rend clairvoyant» (R. Barthes). Toute la pièce proclame le contraire. Un des plus savoureux passages est la litanie des illusions du regard amoureux, dévidée par Éliante, pour clore la série des portraits (II, 4). Il faut relire l'original, *La nature des choses,* de Lucrèce : «Car les hommes trop souvent aveuglés par le désir, forgent eux-mêmes les qualités qu'ils attribuent à un être qui en est dépourvu. Aime-t-on une noiraude ? Elle a un teint de miel. Une femme malpropre à l'odeur repoussante ? C'est une beauté... négligée. Tout en nerfs, sèche comme du bois, c'est une biche».

■ **«Commerce»** : «À crédit», ou «à frais communs». Langage mystique d'Alceste, se réclamant du «pur amour» (II, 4, v. 702). À l'opposé, ceux qu'il appelle les «lâches amants» (v. 703), adonnés à un «commerce». Ils n'en font pas mystère. La tirade-profession de foi d'Acaste file une métaphore du commerce [III, 1, v. 807-822]. Elle prend l'exact contrepied d'un amour précieux ironiquement exposé d'abord, et occupé «à brûler constamment pour des beautés sévères». Mais Alceste est-il exactement aux antipodes de ces «commerçants» de l'amour ? La pièce offre, en effet, des parallélismes rigoureux : Clitandre jouait les sceptiques envers Acaste, si sûr des sentiments de Célimène ; Philinte ne joue-t-il pas le même rôle face à Alceste (I, 1, v. 236) ? Et Alceste répond en un rythme binaire bien frappé : *Je ne l'aimerais pas, si je ne croyais l'être.* Alceste est-il donc bien le chevalier de l'amour courtois ?

■ **Coquetterie** : «Les coquettes tâchent d'engager les hommes et ne veulent point s'engager.» Ce mot de Furetière résume le reproche d'Alceste à Célimène. Rappelons la passion de l'âge classique pour les allégories et figures exemplaires : Célimène est la Coquetterie. Et dans la classification traditionnelle des divers «emplois» auxquels les comédiens sont personnellement plutôt voués, elle est même la «grande coquette». Mais ici, la coquetterie est une face de la mondanité elle-même. La critique d'Alceste est globale : pour la femme comme pour le courtisan, il s'agit toujours de faire la cour, de flatter pour être flatté. La coquette cherche à gagner le plus de suffrages. Jeu difficile : ne décourager aucun des soupirants, ne donner de gage décisif à personne. On comprend alors qu'Oronte commence son sonnet par «l'espoir», et le mot va justement résonner plusieurs fois, avant qu'il poursuive la lecture. Peut-elle aimer ? Éliante, si fine, le discerne : *Il [son cœur] aime quelquefois sans qu'il le sache bien, / Et croit aimer aussi parfois qu'il n'en est rien* (v. 1183-1184). Grandeur de cette «grande coquette» ? «Artiste à sa manière, elle sacrifie tout, même son intérêt, à ce jeu frivole, dont elle sait la vanité, mais où elle trouve sa seule raison de vivre» (R. Jasinski). Le même critique parlera de la «poésie» de Célimène.

Lectures :

– Roland Barthes, *Fragments d'un discours amoureux*, articles «Faire une scène» ; «Jalousie» ; «Je suis fou» ; «Je t'aime» ; «Lettre» ; «L'obscène de l'amour» ; «Sobria ebrietas» ; «Vérité».

– Descartes, *Les passions de l'âme*, articles 79-84.

– *Discours sur les passions de l'amour*, longtemps attribué à Pascal, édité par J. Lafond dans le volume *Moralistes du XVIIe siècle*, coll. «Bouquins», R. Laffont, 1992.

– La Rochefoucauld, *Maximes*, 68 et suivantes.

– J. Baudrillard, *De la séduction*, «Folio-Essais», 1988.

– La Bruyère, *Les Caractères*, «Des Femmes», 7-24.

– Lucrèce, *La nature des choses*, trad. Chantal Labre, éd. Arléa, 1992.

Amour de soi
•

Leitmotiv de la pièce qui expose, répète sur tous les tons, et dans diverses situations, l'action violente de l'amour de soi.

«Attaques» d'Alceste : ses répliques attaquent en effet sur une vigoureuse affirmation de soi. Sur 196 répliques du rôle, 9 débutent par «Moi», pronom tonique ; 21 par un «Non», vigoureusement asséné ; 14 sont des jurons ou exclamations ; 18 sont à l'impératif ; 9 utilisent un futur de résolution (R. Garapon, «Recherches sur le dialogue moliéresque», *Revue d'Histoire du Théâtre*, 1974, I, pp. 63 et suivantes). Mais qui est indemne ? Car l'amour de soi est l'ennemi subtil de la sociabilité, ennemi féroce même. Il la menace, constamment et sauvagement, il essaie de la capter à son profit.

Ce leitmotiv se fait entendre en mineur, si l'on peut dire, dans les portraits des absents (II, 4). Quelle est, en effet, la norme de la satire chez Célimène ? Damis, Timante et les autres ont «tous trouvé une façon de satisfaire leur "moi" en le rendant différent ou supérieur aux autres» (J. Guicharnaud). Bélise est l'exception qui confirme la règle : elle ne sait pas du tout ni ne cherche à se mettre en valeur. Mais les autres, eux, ne savent pas masquer ce désir irrépressible.

À propos de la critique de l'art de plaire, J. Mesnard explique le mot célèbre de Pascal, «Le moi est haïssable» : «Pascal veut précisément faire découvrir dans ce qui semble soumission désintéressée à autrui un attachement intéressé à soi-même.» Or Molière a mené sur le sujet «une réflexion à certains égards parallèle ; le moi apparaît comme foncièrement dominateur, hostile à un autrui qu'il cherche, fût-ce par la douceur, à accaparer à ses propres fins».

Lectures :
– La Rochefoucauld, *Maximes*.
– La Bruyère, *Les Caractères*, «De la société et de la conversation».
– Pascal, *Pensées*.
– Signalons désormais un instrument de travail exceptionnel et une incitation renouvelée à lire avec l'édition des *Moralistes du XVIIᵉ siècle*, coll. «Bouquins», R. Laffont qui, grâce à son index, permet de circuler d'un auteur à l'autre sur un même thème.

Comédie

•

Je ris des noirs accès où je vous envisage,
Et crois voir en nous deux, sous mêmes soins nourris,
Ces deux frères que peint L'École des Maris (I, 1, v. 97-101).
Vertigineuse mise en abyme du théâtre de Molière par lui-même. Elle définit et les deux personnages, et une fonction sociale de la comédie. Philinte est, en effet, défini par un statut de spectateur : pour lui, les comportements sont autant de divertissements. Il convertit la vie en «comédie». Il se voit, et autrui avec lui, «moins en tant qu'individus qu'en tant que rôles» (J. Guicharnaud). On comprend donc l'analyse que Rousseau a pu donner du personnage, de son indifférence, s'il est spectateur. Peut-on ici parler d'une philosophie de la comédie ?

Alceste, lui, n'est pas le sage. Si l'épicurisme est une méthode de mesure, il ne calcule pas, témoin son attitude dans le procès. Il est aussi l'homme du fracas, des éclats. La comédie est aussi miroir du monde. La scène dite des portraits offre un troublant jeu de miroirs : Alceste, qui lui-même a fait, un peu avant, le portrait de Clitandre, est à son tour donné en portrait, indirectement, sous les traits de ce Damis dépeint par Célimène. Mais il est aussi directement représenté par Célimène ; il devient à son tour un «caractère», tandis que la coquette est elle-même devenue un autre «caractère», signé... Alceste. Vertigineuse interpénétration de la réalité extérieure et de la fiction, de la comédie mondaine et de la «comédie».

Si Molière, on l'a vu, est un Alceste possible, «*Le Misanthrope* est une insurrection contre la sagesse comique, contre la société représentée par le public, insurrection aussitôt étouffée, et dans l'œuvre elle-même. Car *Le Misanthrope* se termine sur un triomphe du public, et de la comédie, d'abord menacée.» (R. Fernandez).

Lectures :
– Molière, *La Critique de L'École des Femmes*.
– Molière, *L'Impromptu de Versailles*.
– Musset, «Une Soirée perdue» (1844).

Corps (langage du corps)
•

Le XVIe siècle, rappelle l'historien Jacques Revel, fut un temps d'intense effort pour codifier et contrôler les expressions corporelles dans la vie quotidienne («Les usages de la civilité», *Histoire de la vie privée*, Le Seuil, 1986, t. 3, p. 169). Effort passionné pour fonder sur les mouvements du visage, du corps tout entier, sur le vêtement «un lexique de la reconnaissance», à la fois psychologique et sociale. *Le Misanthrope* nous plonge dans les conséquences et la poursuite de cet effort. Le langage des corps y occupe une place de choix. J. Revel le note, ce langage «projette l'individu hors de lui-même et l'offre à la sanction ou à l'éloge du groupe». Une intense codification des valeurs corporelles s'y donne à lire. «Du bas vers le haut, c'est la société tout entière qui contemple le spectacle de la Cour. [...] Le parfum, la poudre, la perruque produisent un corps enfin conforme aux attentes du regard social» (*op. cit.*, p. 197). Il faut manifester l'absolue maîtrise du corps aux yeux de la société. Alceste, spécialiste des éclats, ne contrôle ni sa voix, ni son geste.

Lecture :
– Marcel Proust, *À la recherche du temps perdu*, «Le côté de Guermantes» notamment.

Déclaration
•

Car *Le Misanthrope* se déroule le jour fixé par Alceste à Célimène pour se déclarer : jour de la déclaration amoureuse sans doute, et banalement ; mais jour d'une révélation, surtout : se «déclarer» est bien venir à la clarté. Le théâtre est pour Baudelaire le lustre ; les personnages viennent à la lumière de la rampe, ou, maintenant, des projecteurs. La lumière sera faite, on l'espère du moins, sur eux... Célimène refuse de se déclarer : duplicité essentielle ? goût du jeu ? refus de choisir ? La pièce est ainsi une lutte violente entre une volonté, tyrannique peut-être, d'y voir totalement clair, et une dérobade.

À partir de cette pièce, on pourra relire les comédies comme jour de «déclaration», entendue à la fois comme déclaration amoureuse et révélation de la folie d'un personnage principal. Par exemple, *L'École des Femmes*, où Arnolphe se déclare à Agnès, qui se déclare à Horace, tandis que le héros déclare sa folie, son sadisme, sa tyrannie. On relira de même *Le Tartuffe* et *L'Avare*, avec deux scènes finales de révélation. L'une met en lumière la participation du héros à la Fronde, et elle expose l'aveuglement aux yeux des victimes. L'autre fait intervenir une reconnaissance d'allure romanesque.

Lectures :
– Le théâtre de Marivaux.
– Choderlos de Laclos : *Les Liaisons dangereuses*, où la composition épistolaire organise la «déclaration» de la sage Mme de Tourvel à Valmont, comme la «déclaration» de la foncière lubricité de la jeune Cécile de Volanges. L'une et l'autre sont obligées de voir ce qu'elles ne pouvaient pas, ou ne voulaient pas voir.

Duos et duels
•

Une belle galerie de figures duelles, une série de duos, et de duels. Formellement, Molière aime par-dessus tout les échanges symétriques et bien rythmés, les pas de deux réglés par un dramaturge-chorégraphe.
■ duo du flatteur et du flatté (Oronte et Alceste), qui dégénère en un duel verbal, dans une scène de rythme binaire, partagée par la lecture du sonnet ;
■ duo convergent des deux rivaux face à Célimène ;
■ duo de gracieusetés hypocrites, duel terrible de Célimène et d'Arsinoé. Ce duo-duel fait lui-même duo avec l'affrontement et le renversement ci-dessus ;
■ une paire : les marquis. On relira leurs arrivées, leurs prises de parole, leur duel plaisant à la scène 1 de l'acte III, leurs lectures des billets à la fin ;
■ un couple : Éliante et Philinte, duo de la sérénité, de la modération, au centre de la distribution des personnages (cf p. 158).

Lectures :
– Les paires dans le théâtre de Molière : *Les Femmes savantes, Le Malade imaginaire, Amphitryon, Le Bourgeois gentilhomme*.
– Réglage et dérèglement du dialogue dramatique entre deux personnages dans le théâtre de Marivaux et celui de Musset.

Ennui
•

A-t-il donc sa place dans cette comédie de la mondanité euphorique ? Une dernière beauté, cependant, dans la pièce, la révélation de son ennui par Célimène, la «muse» de la mondanité : *Je ne me divertis pas toujours si bien que vous pensez*. M. Fumaroli commente ainsi l'aveu : «Sous le badinage galant de ses lettres, sous le brio de la conversation, perce cette sourde et lucide mélancolie qui a nom l'ennui, et qui donne à ce personnage tout en spectacle sa vraie profondeur. Sa verve satirique, son talent épistolaire, ses passes étincelantes de duelliste de la parole, et jusqu'à son génie de la sociabilité mondaine, ont pour ressort ultime moins l'amour-propre que l'ennui qui l'émousse et dont Célimène connaît bien l'aiguillon. N'allons pas y voir l'ennui selon Pascal. C'est bien plutôt le ressort ultime de l'esprit et du goût mondains, qui les rend à la fois si exigeants, si difficiles et si inventifs. En ce sens, l'ennui de Célimène est le pendant de la mélancolie d'Alceste».

Est-il aussi sûr que Pascal soit absent d'ici? N'est-ce pas cette sorte d'ennui, qui effraie Célimène au «désert» d'Alceste? «Elle a sa misanthropie, elle aussi», notait déjà R. Jasinski, elle cherche à fuir «le tourment de son inconsistance».

Lectures :
– Pascal, *Pensées*.
– J.-K. Huysmans, *À Rebours, En rade.*

Espaces
•

■ **La Cour**. La Cour ne se fait jamais oublier dans la pièce. Alceste en sait quelque chose. Qu'est-ce que le salon de Célimène? Un espace privé? Un appendice de la Cour? Célimène sent bien les liens qui l'amarrent à la Cour, à ce «hors-scène» tout-puissant, puissance aliénante aux yeux d'Alceste. Sur quel ton dira-t-elle les vers 542-548?

■ **Le Désert**. L'image domine la pièce, puissamment. Furetière le définit comme une maison pour se tenir «hors des grands chemins et éloignée du commerce du monde». *Le Misanthrope,* conflit du «désert» et du monde. Alceste est lui-même tiraillé entre l'un et l'autre. À la fin, la scène est un désert. «Alceste veut partir, mais où? Le désert où il dit vouloir se retirer est-il ailleurs qu'en lui-même? Alceste est malade de la lumière et il aspire à l'ombre. Car la lumière n'est pas la vérité, c'est ce qui éclaire le spectacle, le faux-semblant, et il est saisi de cette idée peut-être délirante qu'il y aurait dans l'ombre, le silence et la solitude, quelque chose de la vérité», note S. Eine, metteur en scène et interprète du rôle principal en 1989. Mais le désert est peut-être aussi la solitude réelle partagée par tous les personnages, voilée pour les uns, durement éprouvée pour les autres (Arsinoé).

■ **Espace vital**. Si le théâtre est un conflit pour occuper plus d'espace, tout l'espace, un autre espace, *Le Misanthrope* repose sur un déplacement, celui du personnage principal. Alceste est en état permanent d'hyperbole, la première scène en témoigne très vite ; le monde des «honnêtes gens» est celui de la litote. Ainsi le conflit oppose-t-il des figures. Si Alceste est bien l'homme, aussi, du tout ou rien, est-il vrai, comme on l'a soutenu, que dans le monde de la politesse de Cour «les codes sont fondés sur les nuances, les équivoques, les compromis partiels»? Oronte, Arsinoé font assaut de compliments hyperboliques, dans des contextes différents. Faut-il distinguer entre Philinte, Éliante, représentant la litote, et les autres, dont les marquis ? Célimène est-elle du côté de l'hyperbole (ses compliments à Arsinoé, pour mieux masquer son antipathie), ou de la litote (son opposition avec Alceste, II, 1) ?

■ **Espace/salon.** «Un heureux concours de circonstances établit entre les personnages de cette comédie une égalité rare pour le genre, mais semblable à celle qui règne entre princes et princesses de tragédie, en l'absence d'un roi souverain et quand n'est pas introduit le thème de la captivité. Les conflits sont donc entre des natures qui ne se soumettent qu'à elles-mêmes» (J. Guicharnaud). Puisque pairs, ils ont justement des obligations réciproques et étroites. Terrible est le code mondain, «dieu jaloux», si l'on veut rester dans la tragédie. Peut-on s'isoler dans le salon de Célimène, hors de ce salon ? Tout est su, tout est dit. Peut-on alors affirmer que «Célimène, à l'abri des dangers qui menacent tant d'autres héroïnes de comédie, est heureuse dans le monde tel qu'il est» ?

Lectures :
– Espace privé et espace public dans *Le Cid, Cinna, Bajazet, Lorenzaccio*.
– Le théâtre de Molière ou le désir d'investir et d'usurper un espace : *Tartuffe, Le Malade imaginaire*.
– L'espace symbole et parabole dans le théâtre contemporain, Beckett, Ionesco.

Humeurs...
•

...et «complexions», terme apparaissant dans la bouche d'Alceste face à Oronte (I, 2, v. 283). Ainsi est-il lui-même très conscient de l'importance de ce facteur. Mais, précisément, la sociabilité est une ascèse pour triompher des déterminations physiologiques. Le motif des humeurs est central. En effet, les rapports des personnages en dépendent étroitement. Il fournit aussi l'opposition de couleurs que cette édition a mise en valeur, le noir et le jaune solaire, avec toutes ses implications.

Lectures :
– Le discours sur les humeurs chez les médecins du théâtre de Molière.
– La Rochefoucauld, *Maximes*, 7, 17, 45-47, 61, 215, 241, 290, 292, 297.
– É. Zola, *Thérèse Raquin* (voir l'édition de P. Hamon, Press-Pockett).
– J.-K. Huysmans, *À Rebours*.

Lettres et billets
•

Beaucoup de papiers dans *Le Misanthrope* :
– le texte du sonnet, qu'un metteur en scène fait d'ailleurs distribuer par Oronte à Philinte et Alceste ;
– le billet écrit par l'homme en noir et donné à Dubois ;
– le billet d'Oronte à Célimène, exhibé par Alceste ;
– les billets de Célimène aux marquis.

On distinguera les fonctions diverses de ces billets (point de vue dramatique, psychologique, satirique), mais on s'attachera particulièrement à ces billets comme objets théâtraux, permettant jeux de scène, suppléments de sens, etc.
Lectures :
– *Fonctions des lettres au théâtre, dans Molière, L'École des Femmes, dans Racine, Bajazet.*
– Plus largement, le rôle de la communication épistolaire dans *Les Liaisons dangereuses* de Choderlos de Laclos.

Portraits
•

Une éblouissante variété :
– portraits dans le salon, suite de numéros de Célimène ;
– portraits écrits de la même, en prose, exhibés dans la scène finale, et représentant les membres mêmes du cercle qui avait entendu les précédents ;
– portrait de Clitandre par Alceste, et mettant en cause l'allocutaire Célimène (III, 1) ;
– portrait d'Alceste par Célimène dans le cercle (II, 4) ;
– portrait du même par Éliante et Philinte (IV, 1) ;
– autoportrait d'Acaste devant son double (III, 1).
On s'interrogera sur ce véritable réflexe social : à quel goût, à quel(s) besoin(s) répond-il ? Narcissisme de groupe ? «Tout leur comportement est offert aux yeux des autres, et c'est de ce regard que les personnages attendent différentes formes de satisfaction» (J. Guicharnaud). Alceste, lui, se verrait comme «anti-masque».
On pourra comparer les portraits et les incarnations scéniques.
Lectures :
– La Bruyère, *Les Caractères*, ch. III, IV, V, XIII, XIV, dont la matière est de même nature que celle du *Misanthrope*.
– Dans l'œuvre de Molière même, portraits, dans *Le Tartuffe, Le Bourgeois gentilhomme, L'Avare*, du personnage principal.
– Voir aussi les portraits des héros de *On ne badine pas avec l'amour*, de Musset.

Sagesse et folie
•

La parfaite raison fuit toute extrémité,
Et veut que l'on soit sage avec sobriété (I, 1, v. 151-152).
Alceste est en état permanent d'hyperbole. Dès la première scène, «tout», «rien», «nulle» scandent son discours. Philinte est invité à «mourir de pure honte» à propos de quelque marque de politesse convenue, mais elle-même hyperbolique, après tout. Alceste sur les tréteaux : l'expression «à leurs yeux» retrouve en effet avec lui toute sa littéralité (voir aussi : «aux yeux de l'univers»).

Contre Rousseau, la critique au xxᵉ siècle, avec J. Guicharnaud, P. Béni-chou, M. Fumaroli, discerne l'impérialisme du «moi» chez le personnage, qui fabriquerait ses maximes en fonction de cette tyrannie. *Moi, je veux me fâcher, et ne veux point entendre* (I, 1, v. 5) ; R. Fernandez voit dans ce vers la naissance du personnage comique que sa réplique «retranche de la communauté des esprits. [...]. Le conseiller ou l'ami s'évade dans l'ironie [...]. Prendre quelqu'un au sérieux, c'est ne faire qu'un avec lui. Prendre quelqu'un "au comique", c'est faire deux avec lui». Mais la critique voit aussi en Alceste un renouvellement du personnage comique : «C'est sa raison et sa vertu qui isolent Alceste du monde. [...] Le personnage comique est un individu incapable de tenir un instant sur ses pieds. Voici au contraire un homme ridicule tout armé de raison, et d'une raison défendable.» Ajoutons, avec R. Jasinski, «le tourment de l'impossible inséparable du romanesque d'Alceste», désireux de fixer Célimène.

Lectures :
– Montaigne, *Essais*, I, 30 «De la modération».
– Dans l'œuvre de Molière : les débats entre Orgon et Cléante dans *Tartuffe* ; Argan et Béralde dans *Le Malade imaginaire* ; Arnolphe et Chrysalde dans *L'École des Femmes*.
Mais la comédie n'est-elle pas aussi un «éloge de la folie» ? M. Jourdain, qui transforme sa maison en un théâtre et favorise les arts, n'est-il pas le sage en face de son épouse, strictement attachée au principe de réalité ?
– On relira les comédies de Musset, *Fantasio* et *Les Caprices de Marianne,* où apparaît le personnage du bouffon (Alceste est aussi le bouffon qui dit ses vérités à la Cour...).

Satire

•

Trop de perversité règne au siècle où nous sommes (V, 1, v. 1485) : Alceste est-il un porte-parole de Molière ? Car n'est-il pas trop simple d'en faire un repoussoir ?
– satire des signes de la sociabilité ;
– satire de la poésie galante devenue poncif ;
– satire de l'utilisation du loisir dans le cercle de Célimène ;
– satire de la justice.
Parmi les armes de la satire, retenons un fait de versification, la diérèse. Arme favorite d'Alceste, forme d'allongement, voire d'élongation, elle sert le projet satirique avec force. Écoutons les rimes : *Contorsi-ons/ protestati-ons* (v. 43-44). Imaginons aussi le geste, la grimace de l'acteur Molière. Dans la même tirade : *glo-ri-euse* (v. 55) et, à la rime, *si-tuée/ prosti-tuée* (v. 53-54). Philinte et Célimène recourront à la diérèse.

Lectures :
La satire est un secteur très vivant et à redécouvrir dans la production poétique du xviiᵉ siècle.
– Boileau, *Satires,* I (le poète Damon fuit Paris, ville du mensonge et du

vice); III (le repas ridicule); IV (la folie universelle); V (la vraie noblesse, celle du cœur).
– Voir aussi Le Sage, *Turcaret,* et les comédies de Labiche ou d'Anouilh.

Signes...
•

...et conventions contre «naturel». *Le Misanthrope* met sur scène plusieurs sortes de signes, tous associés, et c'est ce qui en fait la force :
– signes de politesse hyperbolisés ;
– signes linguistiques pliés au service d'une vie mondaine très codée ;
– signes propres au langage galant (sonnet) ;
– signes vestimentaires : Daniel Roche distingue «l'habillement, acte individuel, par lequel l'individu s'approprie ce qui est proposé par le groupe, et "costume" ou "vêtement", conçu par la visée sociologique ou historique comme un élément d'un système formel, normatif, consacré par la société».
Chez Alceste domine la foi en la nature : c'est l'enjeu philosophique et moral de la scène du sonnet, qui associe remarquablement conventions littéraires et mondaines. Les signes de la «tribu» sont malmenés par le misanthrope. «S'il hait les hommes, ce n'est pas simplement parce que ceux-ci corrompent les signes, mais, de manière bien plus radicale, parce qu'ils vivent selon des codes [...]. Il ne se plierait aux codes qu'à la condition que ceux-ci fussent à chaque fois uniques. Mais le code ne distingue pas, il rend commun, et son usage ne peut qu'irriter celui dont l'imaginaire se porte à l'unicité de valeurs insécables : Justice, Nature, Amour» (Claude Reichler).
Lectures :
– *Dom Juan,* à la lumière de l'étude critique de C. Reichler.
– *Le Malade imaginaire* (la médecine/les mots ; les mots/les jetons représentant la monnaie).
– *Le Bourgeois gentilhomme* (les signes linguistiques présentés par le maître de philosophie/les signes de l'appartenance au beau monde).
– On réservera une place à part au vêtement dans le théâtre de Molière : les prises d'habit de médecin (*Dom Juan, Le Malade imaginaire*), qu'on lira à la lumière de Pascal (théâtralité essentielle de la médecine) ; prise d'habit de M. Jourdain (la pièce est scandée par l'apparition de vêtements) ; Alceste, «l'homme aux rubans verts» est, on l'a vu, le Sganarelle avec son costume de bouffon.
– Musset met en scène, dans *Les Caprices de Marianne,* Cœlio et Octave en période de Carnaval.
– À partir des rubans d'Alceste, on suivra les aventures et le symbolisme du ruban de la Comtesse dans *Le Mariage de Figaro.*
– Pour l'étude des phénomènes de mode chez Molière (*L'École des Maris, L'Avare, Les Précieuses ridicules*), le livre de D. Roche offre des analyses de base et des textes historiques indispensables : *La culture des apparences,* «Une histoire du vêtement, xviiᵉ-xviiiᵉ siècle», Points-Seuil.
– Claude Reichler, *La Diabolie,* éd. de Minuit, 1979, p. 26.

Action et intrigue
•

■ **Action.** «Progression des péripéties vers le dénouement» (R. Jasinski); «mouvement de l'évolution d'une situation vers son terme, mouvement plus ou moins ferme ou rapide» (P.-A. Touchard).

■ **Intrigue.** «Occasions à la faveur desquelles agissent les causes profondes» (R. Jasinski); «série des événements qu'on raconte: c'est elle qui commence par une exposition, poursuit par des péripéties, s'achève par un dénouement» (P.-A. Touchard).

Ainsi R. Jasinski affirme-t-il que Molière donne à sa pièce «une pureté de lignes incomparable, tout en lui conférant le maximum de relief et de densité. [...] Il n'use que de ressorts psychologiques. Suivant la préoccupation essentielle du classicisme, qui se vouait avant tout à l'étude de l'homme, il situe l'action dans les âmes. Les péripéties résultent du conflit des sentiments, non des circonstances extérieures. Il parle d'"un savant mécanisme d'horlogerie où les rouages les plus excentrés demeurent nécessaires"» (*Molière et Le Misanthrope*, A. Colin, pp. 279-280).

Ce jugement ne fait-il pas la part trop belle à une définition de l'œuvre classique qui serait le moule exact de la pièce? Peut-on dire que «nulle action n'est plus réduite en apparence: un homme chagrin, déçu par une coquette, se retire décidément dans la solitude» (p. 281)? On peut rappeler le mot célèbre de Louis Jouvet définissant l'intrigue de la pièce: «C'est l'histoire de quelqu'un qui veut avoir une conversation avec une dame, et qui n'y arrive pas.»

Ainsi, l'affaire du procès, la communication à Alceste par Arsinoé de la lettre d'Oronte à Célimène relèvent-ils de l'intrigue. Dans quelle mesure servent-ils l'action? Comment Molière articule-t-il la revue de mœurs, avec la succession des personnages qui sont des échantillons représentatifs, des types de la bonne société, et le fil conducteur défini par L. Jouvet? Quel parti Molière tire-t-il des incidents dits «extérieurs»?

Tempo et rythme
•

■ **Tempo**: plus ou moins grande rapidité avec laquelle une scène doit être jouée. P. Larthomas invite à «distinguer le tempo général de l'œuvre et celui de chaque scène, et souvent celui de chaque partie d'une scène donnée [...]. Ce travail, essentiel, doit être fait avec le plus grand soin, car rien n'est plus pénible que le désaccord, immédiatement décelable pour le spectateur averti, entre le tempo vrai d'une scène et celui qu'impose l'interprétation» (*Le langage dramatique*, Paris, A. Colin, 1972, p. 72). Il renvoie au travail accessible de J.-L. Barrault, *Lecture de Phèdre*, coll. Points-Seuil.

■ **Rythme**: tout effet esthétique de réapparitions des mêmes éléments. Ceux-ci peuvent être: les formes de l'échange (quatrains, distiques, stichomythie, hémistichomythie); les formes syntaxiques; le signifiant, sa morphologie, ses composantes phoniques ; les figures rhétoriques de répétition du signifié ; la distribution des accents sur les mots ou groupes de mots.

«Dans tout énoncé, il n'y a pas un rythme mais *des* rythmes qui ordinairement conjuguent leurs effets, mais peuvent éventuellement se contrarier ; c'est leur étude qui permet de définir *le* rythme d'un dialogue dramatique» (P. Larthomas, *op. cit.*, p. 10). Mais «il importerait aussi d'étudier la manière dont les rythmes, une fois créés par l'auteur dramatique, sont abandonnés, rompus, et bien souvent brisés» (p. 324). Le rythme vient de l'alternance régulière des temps dans une scène ou partie de scène. Quatre critères d'efficacité du dialogue dramatique :

«– un bon dialogue de théâtre est d'abord bien enchaîné ;

– les effets y sont plus nombreux que dans le dialogue ordinaire ;

– le souci est constant de garder une certaine unité de ton ;

– le texte suppose un jeu subtil des tempi et des rythmes» (*op. cit.*, p. 256).

Le Misanthrope offre d'admirables dialogues, où l'évolution du tempo procure un grand bonheur à l'oreille. On peut en distinguer les modulations, en particulier dans la première scène entre Oronte et Alceste, et dans leur seconde rencontre, à l'acte V. Quelle subtilité dans le tempo de Célimène affrontée à celui d'Alceste ! Quels effets rythmiques dans le duo de Célimène et Arsinoé ! Molière reste ici encore l'auteur des comédies-ballets : les échanges sont remarquablement stylisés, ballets de répliques. Tout l'art est de conjuguer la stylisation essentielle au dialogue moliéresque, et au théâtre en général, avec l'individualité des personnages, leurs nuances, tout ce qui en eux défie la lecture univoque et la plate symétrie. L'étude de R. Bray, *Molière homme de théâtre* (Mercure de France, Paris, 1954), reste, à cet égard, exemplaire : Molière est «d'abord et essentiellement un comédien, et non un écrivain. Sainte-Beuve l'a dit : «Vrai poète du drame, ses ouvrages sont en scène, en action ; il ne les écrit pas, pour ainsi dire, il les joue. Molière n'a de réalité que sur les planches de son théâtre, entre les chandelles et les portants, affublé d'oripeaux grotesques et répétant les mimes et les grimaces dont il tâche d'égayer les loges et le parterre» (pp. 39 et 50). L'approche des personnages peut et même doit se faire à partir d'une perception auditive de leur «rôle», conçu comme une partition.

Pour définir la notion de personnage

•

«Acteur», actant, rôle, emploi.

■ Au XVIIe siècle, **acteur** désigne le personnage. Le mot retient encore son emploi latin ; l'action est, à Rome, le procès, c'est aussi la gestuelle qui accompagne la parole de l'orateur. Le théâtre classique montre constamment des débats, les «acteurs» sont des plaideurs. Accuser, c'est ce que ne cesse de faire Alceste ; accuser, c'est ce que font l'une vis-à-vis de l'autre Arsinoé et Célimène ; c'est ce que font aussi Alceste et

Célimène. Le public, amateur d'éloquence, vient entendre et voir de beaux numéros rhétoriques.

■ **Actant.** Pour «ne plus séparer artificiellement les caractères et l'action», mais pour «révéler la dialectique et le passage progressif de l'un à l'autre», les théoriciens du récit et du théâtre ont conçu la notion de schéma actantiel (Patrice Pavis, *Dictionnaire du théâtre,* Paris, Éditions sociales, 1980, p. 19). «Le modèle actantiel fournit une vision nouvelle du personnage. Celui-ci n'est plus assimilé à un être psychologique ou métaphysique *[sic]*, mais à une entité appartenant au système global des actions.» On peut mettre en œuvre le schéma d'A.-G. Greimas que *Le Dictionnaire du théâtre* représente ainsi :

Destinateur	Objet	Destinataire
Adjuvant	Sujet	Opposant

«L'axe destinateur-destinataire est l'axe du pouvoir ou du savoir ou des deux à la fois. Il décide de la création des valeurs et des désirs et de leur répartition parmi les personnages.

L'axe sujet-objet trace la trajectoire de l'action et la quête du héros ou du protagoniste. Il est jonché d'obstacles que le sujet doit surmonter pour progresser. C'est l'axe du vouloir.

L'axe adjuvant-opposant facilite ou empêche la communication. Il produit les circonstances et les modalités de l'action» (p. 20).

Ce modèle n'est pas «une formule magique toute faite et définitive» (p. 21). Acteur, selon le schéma ci-dessus : particularisation d'un actant. Ainsi Alceste est-il le sujet, mais l'opposant est à la fois Clitandre, Oronte, Acaste. Les marquis sont deux personnages, mais un même acteur. Il faut ajouter que l'opposant est aussi le monde, qui vient battre les murs de l'hôtel de Célimène. L'opposant, à la fin, pourrait devenir adjuvant pour la conquête de Célimène (affaire des billets) ; mais le monde, qui habite Célimène, reste l'opposant le plus constant. Comment définir, à cet égard, le couple Philinte et Éliante ? La catégorie du destinateur ? Qu'est-ce qui fait courir Alceste ? L'amour ? Le désir de modeler Célimène ? Le désir de signifier ainsi spectaculairement au monde qu'il triomphe de lui ? Le destinataire ? Le sujet lui-même, Alceste ? Mais aussi bien la notion d'actant, ici, recouvre-t-elle un autre acteur. L'action, pour Alceste, se fait pour des acteurs nombreux, qui sont les valeurs dont il est le champion, comme l'origine grecque de ce nom l'atteste : Vertu, Droiture, Fidélité, Naturel, Transparence, Simplicité. Peut-être aussi l'univers aux yeux duquel il veut apparaître comme un exemple, comme l'atteste sa joie de perdre le procès ; dès lors, le destinataire peut être aussi... le spectateur lui-même. Les objets présents sur scène sont aussi des acteurs. Les billets, le sonnet entrent dans un ensemble dont tous les éléments sont interdépendants, dont aucun n'est isolable. Et l'espace même, hostile ou accueillant, vient jouer un «acteur».

■ **Rôle.** Alceste étant une nouvelle réincarnation du Sganarelle, c'est un rôle qui agit aussi en lui. Le rôle est toujours codé dans une tradition théâtrale historique. De même les marquis, personnages reparaissant chez Molière, avec leurs tics, leurs particularités vestimentaires, leur affrontement prévisible à leur antithèse, le Sganarelle, sont-ils des rôles. Et la coquette, et la prude, et le valet balourd, lui-même tenant du Sganarelle.

■ **Emploi.** Catégorie de rôle exigeant des caractéristiques physiques, vocales, un âge, permettant d'établir la distribution.

LEXIQUE

amant : qui aime d'amour une personne, et qui est payé de retour

amitié : «se dit quelquefois pour amour» (*Dictionnaire* de l'Académie)

amoureux : qui aime sans être aimé

amuser : faire perdre le temps, abuser par de vaines paroles ou apparences

appas : attraits, charme, séduction

balancer : faire contrepoids à, être en suspens

caresses : marques extérieures d'affection et d'égards

chagrin (nom) : humeur qui pousse à tout critiquer ; (adj.) : prompt à tout reprendre avec aigreur

charme : artifice magique

cœur : courage

commerce : échange de relations

content : comblé

discours : conversation

embrasser : serrer avec ses deux bras

entendre : écouter

ennui : tourment insupportable

flatter : caresser, séduire, tromper

galant : qui a de l'empressement auprès des dames ; plein d'élégance et de belles manières

galanterie : goût de l'intrigue amoureuse (plus grave que la coquetterie)

gêner : torturer, au propre ou au figuré

grâces : remerciements

grimace : hypocrisie

haïr : avoir de l'éloignement pour

honnête homme : homme du monde, bien élevé, distingué

honnêteté : distinction des manières et de l'esprit ; application à être de bonne compagnie ; possession des vertus mondaines, mais aussi intérieures et chrétiennes

humeur : caractère

impertinent : qui parle ou agit à contretemps, contre les règles du savoir-vivre

méchant : mauvais, médiocre

morbleu : juron ; atténuation de «mort (de) Dieu»

mouvements : élans passionnés, impressions vives

murmurer : se plaindre, protester

objet : belle personne qui donne de l'amour

prude : vertueux jusqu'à la sévérité ; qui affecte une sévérité de mœurs, hypocrite

sans doute : sans aucun doute

soins : attentions, égards pour un ami ou une personne aimée

souffrir : supporter

succès : issue d'une affaire

traits : écriture d'une personne

transports : émotion violente

vice : défaut

BIBLIOGRAPHIE, DISCOGRAPHIE

Éditions

Œuvres complètes de Molière, éd. par Despois et Mesnard, coll. des «Grands écrivains de la France», Paris, Hachette, 1873-1900 (*Le Misanthrope* est au tome V).

Œuvres Complètes, éd. par G. Couton, Paris, «Bibliothèque de la Pléiade», Gallimard, 1971, 2 vol. (*Le Misanthrope* est au tome II).

Ouvrages généraux

A. Adam, *Histoire de la littérature au XVIIᵉ siècle,* Paris, Domat, 1956 (Molière est au tome III).

Ph. Ariès et G. Duby (sous la direction de), *Histoire de la vie privée,* t. III, Paris, Le Seuil, 1986.

F. Bluche, *La vie quotidienne au temps de Louis XIV,* Paris, Hachette.

F. Bluche, *Louis XIV,* Paris, Fayard, repris en Livre de Poche «Pluriel».

N. Elias, *La Société de cour,* coll. Champs, Flammarion, 1985.

J. Mesnard (sous la direction de), *Précis de littérature française du XVIIᵉ siècle,* Paris, P.U.F., 1990.

E. Le Roy Ladurie, *L'État royal,* Paris, Hachette, 1991.

R. Zuber, M. Cuénin, Le Classicisme, *Littérature française,* t. 4, Paris, Arthaud, 1984.

Sur Molière et *Le Misanthrope*

P. Bénichou, *Morales du grand siècle,* Gallimard.

R. Bray, *Molière, homme de théâtre,* Paris, Mercure de France, 1954.

J.-P. Colinet, *Lectures de Molière,* «U2», Paris, A. Colin, 1974.

R. Fernandez, *Molière ou l'essence du génie comique,* Paris, Grasset, 1979.

J. Guicharnaud, *Molière, une aventure théâtrale,* Paris, «Bibliothèque des Idées», Gallimard, 1963.

R. Jasinski, *Molière et le Misanthrope,* Paris, A. Colin, 1951.

Articles

Revue *Comédie-Française,* sept.-oct. 1984, nᵒˢ 131/132 ; mars-avril 1989, nᵒ 175.

Recueil *Le Misanthrope au théâtre,* J. Feïjoó, Mont-de-Marsan, 1990.

Le Débat, «Tradition de la Mélancolie», Gallimard, nᵒ 29, mars 1984.

Sur la politesse

Revue *Autrement,* «La politesse, vertu des apparences», 1990.

M. Lacroix, *De la politesse,* Commentaire/Julliard, 1991.

Discographie

«*Grands textes et grandes voix de théâtre*», enregistrements de la Comédie-Française (*représentation du 13 décembre 1955*) INA.CLE International.

CRÉDITS PHOTOGRAPHIQUES

P. 4 : portrait de Jean-Baptiste Poquelin, dit Molière. Gravure de Dagneau d'après une peinture de Sébastien Bourdon (détail). Paris, Bibliothèque des Arts décoratifs. Photographie Hachette. Pp. 8-9 : gravure de Sauvé d'après Brissart, pour l'édition de 1682. Photographie Hachette. Pp. 39-62-109-127 : © Marc Enguerrand. Pp. 47-141 : Jacques Weber et Emmanuelle Béart, mise en scène Jacques Weber, théâtre de la Porte Saint-Martin, 1990. Photographies Monique Rubinel/Enguerrand. Pp. 41-42-49 : photographies Hachette. P. 118 : gravure d'après Boucher, photographie Hachette. P. 155 : photographie Steinberger/Enguerrand. Pp. 159-163-164 : photographies Bernand. P. 165 : Bibliothèque de la Comédie-Française, photographie Hachette.

Imprimé en France par Hérissey à Évreux – Nᵒ 68099
Dépôt légal Nᵒ 6419-02-95 – Collection Nᵒ 10 – Édition Nᵒ 05

16/6345/9